声優に死す

後悔しない声優の目指し方

関智一

角川書店

装幀　柳川価津夫＋山田千晶（ＳＰＩＣＥ）
カバーイラスト　雲田はるこ
本文デザイン　山田浩市（山田屋意匠堂）

はじめに

僕がアニメの声優としてデビューしたのは、スタジオジブリ制作の『海がきこえる』（１９９３年）です。ただ、その前年、１９９２年にラジオＣＭで初めての仕事を経験しているので、声優としてのキャリアは２０１７年で25年になりました。

これまで演じてきたどの作品にも思い入れはありますが、主だったところでは『ドラえもん』の骨川《ほねかわ》スネ夫《お》役、『機動武闘伝Ｇガンダム』のドモン・カッシュ役、『昭和元禄落語心中』の与太郎《よたろう》役、『ＰＳＹＣＨＯ－ＰＡＳＳ サイコパス』の狡噛慎也《こうがみしんや》役などを務めて参りました。「関智一《せきともかず》なんて知らない」という方も、どこかで声を聞いたことはあるかもしれません。

一方でアニメや声優のファンにとって、僕は〝ゲス声優〟としてよく知られていると思います。実際にネットを少し検索するだけで、数々の下劣なエピソードを閲覧できるでしょう。

「そんなヤツの書いた本なんて……」と思った方は、どうか僕の顔やパブリックイメージには一度目を瞑っていただき、仕事にだけ思いを馳せてみてください。案外悪くないはずですし、そう自負もしています。

本書はそんな僕が、近年急増している声優志望者に向けて、「後悔しない声優の目指し方」を、満を持して紹介するものです。

キャリア25周年の記念イヤーで浮かれているからではなく、国民的なアニメに配役されて調子に乗っているからでもなく、歳をとったからとでも言っておきましょう。これまで先輩に教わってきたことや仕事をする中で感じたことを、読者の皆さんを含めた後輩に、少しずつお裾分けしていかなければと思ったのです。

だから「今、声優を目指すことについて」、ひいては「声優という職業について」、とにかく今回ばかりは真面目に考えて書きました。

まず日本では今、1年にどのくらいの人が声優を目指し始めるかご存知でしょうか。

業界関係者によると、専門学校、養成所、劇団などにお金を払って声優の勉強を始める人が、年間約3万人いるそうです。

中には人気声優と近づきたいという不純な動機で声優を目指している人もいるようですが、想像以上の大人数に驚いた方も多いでしょう。

背景にはアニメ市場の拡大があります。

一般社団法人日本動画協会の「アニメ産業レポート2016」によると、僕が初めて仕事をした1992年は、アニメ番組の放送作品数は91本でした（新作と継続放送の合計）。最近の放送作品数を見ると、2015年は341本。つまり4倍近くに増えているのです。

広義での市場規模も1兆8000億円を突破。アニメはこの20〜30年で、一気に身近なコンテンツになったと言っていいでしょう。

そして声優志望者が増えるとともに、声優になるための養成所や専門学校も整備されていきました。

しかし歌手や野球選手と同様に、声優になるためには狭き門を突破する必要があります。１年あたりの志望者３万人のうち、どこかの事務所に所属が決まり、協同組合日本俳優連合（日俳連）の新人にあたる「ジュニアランク」に登録されるところまで到達するのは、わずか２００人しかいません。

確率的には、志望者の１％にも満たない人数しか声優になれないのです。

僕は声優業の傍ら、所属事務所アトミックモンキーの養成所で10年間講師を担当してきました。ですから、わずかな人数の夢しか叶えられていないことに忸怩《じくじ》たる思いはあります。

ただ生徒を教えてきて思うのは、大部分の方は意識が低く、見通しも甘すぎるということです。軽い気持ちでなんとなく声優を目指してしまうと、１～３年もの若き日の貴重な時間を本当に無駄にしてしまいます。

「この本を読めば声優になれる！」という甘すぎることを僕は言いません。反対に可能性が低いからといって「諦めろ！」とも言いません。

先述のように、本書では「後悔しない声優の目指し方」を書いています。結果的に本書の内容を実践することでひとりでも多くの方の夢が叶ってほしいのはもちろんのことですが、夢が叶うにしても叶わないにしても、僕は皆さんに声優を目指したことを後悔してほしくないのです。

そのために必要なことを全5章でまとめました。

「第1章」では、声優を目指して具体的な行動に移す前に心得ておくべきことや知っておくべきことを書きました。もしかしたらこの段階で耳の痛い方も多くいらっしゃるかもしれません。

「第2章」では、声優を目指す決意を固めた方がどういう一歩を踏み出すべきかを書きました。具体的には多くの人が選択する養成所や専門学校で、どのように振る舞い、何を得るべきかについてです。

「第3章」は個人的な話が多くなりますが、いわば「第1〜2章」の実践編ともいうべき内容です。僕の生い立ちから、誰に何を学び、どのような努力をして新人声優になったのかを書きました。これから皆さんが直面するかもしれない芝居についての課題も先取りできるでしょう。

「第4章」は声優になったあとのことを書いています。声優になることはゴールではなく、長く声優でいられることが肝心であり、やはり大変なことだからです。そのためのサバイバル術を、僕自身の経験をもとに書いています。デビュー後に行き詰ってしまった新人声優の皆さんにも参考にしてほしいです。

「第5章」は「声優を目指す」という主題からは離れているかもしれませんが、僕の声優人生25年間の悲喜交々《こもごも》を、徒然《つれづれ》なるままに書きました。そして、その先にある、未来のことについても書いています。若い皆さんにとってはセンチメンタルなおじさんの戯言《ざれごと》に思われるかもしれませんが、声優を目指し、声優として生きることの覚悟を、より深めていただけたらと思います。

声優という職業は苦しいこともたくさんありますが、目指す価値のある職業だと断言できます。だからこそ、最終的に「声優を目指す」と決心した方の力になれればと思っていますし、のちにそのことを後悔することがないようにしてほしいと思っています。

月並みですが、本書が少しでもその助けになってくれれば嬉しいです。

関智一

目次

第2章　養成所のカモになるな！

第3章　声優の目指し方・実践編

第5章　声優に死す

特別袋とじ

第1章

声優を目指す前に心得ておくこと

「異常な好き」でなければやっていけない

アニメ市場の拡大に比例して声優を目指す人が増えているのは「はじめに」で書いた通りですが、そもそもあなたはなぜ声優になりたいのでしょうか。

僕より上の世代になると、最初から声優になりたくて声優になったという方は、実はあまりいません。

よく聞く話としては、もともと舞台や映像作品の役者として活動していた方がアルバイト的な感覚で声の仕事を始め、いつしか声優が本業になったというケースです。声優になりたくて声優になるのが普通になったのは、おそらく1970年前後生まれの僕らの世代からでしょう。

僕が養成所に入った頃は、ちょうど最初の声優ブームが到来していました。特にアニメ『鎧伝サムライトルーパー』が女性に大人気で、草尾《くさお》毅《たけし》さん、佐々木《ささき》望《のぞむ》さんなど、主演の男性声優5人が音楽ユニット・NG5を結成。コンサートや握手会が大盛況で、テレビにも取り上げられていたのをよく覚えています。

まだ一般的に声優が認知されていた時代ではなかったため、「これはすごい人気だ!」というよりは、「何か異様なことが起こっている!」という紹介のされ方でした。

今は当時よりもアニメが一般的に認知されて、男女を問わず人気声優がたくさんいます。声優を目指す人が急激に増えたのも、当然と言えば当然かもしれません。

さて、養成所の生徒たちに冒頭の問い、「なぜ声優になりたいのか」を尋ねると、ほとんどが異口同音に「アニメやゲームが好きだから声優になりたい」と答えます。アニメやゲームが好きで声優を目指すのは自然なことのように思えますが、僕が気になるのは、その「好き」のレベルです。「声優になりたい」と言って養成所に来ているけれど、本当になりたいのかなと思うことが少なからずあるからです。

「好き」にもいろいろあり、「ゲームが好き」とひと口に言っても、たまにやる「好き」と、注目していた新作が出たら3日間徹夜してプレイする「好き」では、全然意味が違ってきます。

要するに異常なまでの興味や情熱を、ある対象に抱ける人とそうでない人とでは、養成所や専門学校での学びにおいて、吸収力などに歴然とした差が出るのです。

ですから、「自分はアニメやゲームが好きなことだし、声優になれたら最高だな」というようなライトな「好き」で、養成所や専門学校に通い始めるのは、お金と時間の両面でかなりのリスクを伴います。

養成所や専門学校に通い始めると、声優そのものではなく演劇を学ぶことが中心になります。発声練習や筋トレなど、肉体を鍛えることも含まれますし、趣味の延長線でアニメやゲームの世界に関わりたいというモチベーションだけだと、それがすでに苦になる人もいるでしょう。

そして3万人との競争に勝ち残り、事務所に所属できたとしても、200人の同期声優との戦いが待っています。オーディションに落ち続けることもあるでしょう。デビューはしたものの、声優だけで食べていけるようになるのに10年かかることも珍しくありません。結局食べていけずに廃業する人も多いのです。

何かひとつのことに没入できるのは、声優に限らず、道を究めるために必要な素質のひとつです。

あなたは「アニメやゲームが好き」ならば、その「好き」は「異常な好き」なのか。

そして、あなたはアニメ監督やプロゲーマーを目指すわけではないので、異常なまでの興味や情熱を芝居にも向けている、あるいはこれから向けられるのか。

「異常な好き」でなければ、挫折と立ち直りを繰り返す、声優として自立するまでの長くて険しい道のりを乗り越えることができないのです。

最初は僕も舐めていた

と、偉そうなことを言っていますが、僕も最初は芝居を舐めていたというか軽く考えていたので、養成所に通い始めてすぐに小さな挫折を味わいました。

高校に通いながら勝田《かつた》声優学院（2015年閉校）に通い始めた16歳の僕は、とにかく根拠のない自信だけが溢れていて、「みんなに褒められるから、自分は芝居が上手に違いない。声優になるのは当たり前で、まあ1年くらい勉強すればすぐデビューできるだろう」と勘違いしていたのです。

養成所に入ってみるとクラスは女性ばかりで、確か男性は20人中3人でした。前述のNG5が大人気だった時代背景を考えると男性声優に憧れて門を叩いた女性が多かったのでしょうし、一生の仕事としてあえて声優を志望する奇特な男性はまだ少なかったのかもしれません。ちなみに僕が所属する事務所アトミックモンキーの養成所を見る限り、今でこそ男女半々くらいの印象ですが、当時はそのような割合だったのです。

では女性が多いことの何が問題だったのかというと、ラジオなどで下ネタを多用し、今ではネット上で〝ゲス声優〟と評されるようになった僕ですが、当時はまだウブで思春期の真っ直中。女性と目を合わせるのが恥ずかしいという弱点があったのです。

そんな状態で、女性陣の視線を気にして恐る恐る芝居をやっていたら、当然魅力的な演技になるはずはありません。

代表で講師の勝田久《ひさし》さん（『鉄腕アトム』のお茶《ちゃ》の水博士《みずはかせ》役などで知られる声優）からもボロカスに言われたものです。

ますます萎縮して、授業で訊きたいことがあっても挙手すらできませんでした。

このように僕の裏付けのない漠然とした自信は、すぐに打ち砕かれました。そして登校拒否になります。

養成所の最寄り駅までは行くけれど、どうしても行きたくなくなり、ゲームセンターで遊んで帰るようなことがしばらく続きました。

「もう辞めよう。向いてないや、やっぱり。女の子の目も見られないんじゃ無理だな」と諦めかけていました。

「今日退所しよう」と思っていた、まさにその日。

故・水鳥鐵夫《みずとりてつお》さん（『キン肉マン』のブロッケンJr.役などで知られた声優）の先行講義をたまたま受けたことが転機になりました。

水鳥さんは本来2年生の講師でしたが、学ぶ内容に少し触れられる体験授業が1回だけ組み入れられていたのです。

そのとき課題になったのは、山村暮鳥《やまむらぼちょう》の『雲』に収録されている詩の朗読でした。有名な「おうい　くもよ」から始まる詩です。

自分なりに読んでみると、「君は高校生のわりには、なかなか見所があるな」と、意外にも水鳥さんが褒めてくれたのです。

入所して初めて褒められたことが嬉しくて「じゃあやっぱり続けよう！」と、単純な僕は自信とやる気を復活させました。

水鳥さんが褒めてくれなかったら、いま僕は声優をやっていないかもしれません。そして、あのとき辞めていたら養成所で無駄にしたお金や時間を後悔したことでしょう。

「覚悟」をアニメから学ぶ

「アニメやゲームが異常なほど好きなのか」「芝居に興味や情熱を注げるのか」などと言われても、「今はまだよくわからないな……」と思った方も安心してください。それらはアニメからも学ぶことができます。

アニメの主要キャラクターたちは、たいてい何か大きな目標を成し遂げるために懸命です。

『ドラゴンボール』の孫悟空《そんごくう》であれば強い相手と戦うことに前向きで、勝つことに懸命に取り組んでいる。だから強い敵を恐れないし、修行も怠らない。「精神と時の部屋」にも入っちゃう。

あなたの好きな作品の好きなキャラクターも、きっとそういうところがあるはずです。だからこそ、あなたは心が動かされて、その作品やキャラクターが好きになったのではないでしょうか。

僕が声を担当しているアニメ店長《てんちょう》（アニメイトのＣＭキャラクター・兄沢命斗《あにざわめいと》）は、挫けそうな相手に対して「アニメからいったい何を学んできたんだ？」というようなことをよく言います。

好きなアニメの主要キャラクターをイメージして、自分も彼らのように声優を目指すことに対して取り組めるのか、じっくり考えてみましょう。

少しでも迷いがあるのだったら早めに諦めて方針転換するのも選択肢のひとつで

す。声優にこだわらなくても別のポジションでアニメやゲームのそばにいることもできますから。

僕も養成所時代に将来の不安や迷いを漏らしたら、水鳥さんから「迷うならすぐ止めたほうがいい。『絶対なる』と思い込めるバカじゃないと、この仕事には向かない」と言われました。


自分の「好き」は一体どのレベルなのか。

声優を目指すからには芝居に対して興味や情熱をもち、その目標を達成するために迷いなく懸命に取り組むことができるのか。

そう自身に問いかけ、その結果「何をおいても声優になる」と、揺るぎない「覚悟」を決められた時、初めて声優を目指すためのスタートラインに立てます。

16歳当時の僕には足りなかったことですが、今の僕はそう考えています。

内向的ならコミュニケーションの練習を

声優志望者から「養成所や専門学校に入る前にやっておいたほうがいいことはありますか」と訊かれることも多いのですが、僕がいつも言うのは「他者に興味をもつこと」です。

養成所の生徒の傾向として、内向的な方が多い印象があります。そもそも内向的だからアニメやゲームにハマったという部分もあるでしょうし、それは僕もすごくよくわかります。

でも、芝居はみんなとコミュニケーションしながらつくるものなので、心が閉鎖的だとうまくいきません。

コミュニケーションが下手だという自覚があるのなら、普段の生活で積極的に会話をするなどして、他者と円滑に交流する方法を身につけておくべきです。

そのような類の本が書店にたくさん並んでいることからも、近年は何かにつけて「コミュ力をつけろ」と言われることが多いので、うんざりした方もいるでしょう。ただ先述の通り、女の子の目を見られず、うまく話せなかった僕は、実際に芝居などできる状態ではありませんでした。キレキレのトーク術を身につけろと言っているわけではないですし、少なくとも改善しようという気力がなければ早々に挫折することになるでしょう。

コミュニケーションは学びにも役立ちます。

例えば養成所の生徒とごはんを食べに行ったら何も質問してこないので、「どうして何も訊いてこないの?」と訊くと、「怖くて訊けない」と言われることがたびたびあります。

相手に畏怖があるというのは別に悪いことではありません。ただ、本気で芝居をやっていれば、「気持ちが入るってどういうことなのか」「芝居が上手、下手ってどういうことなのか」など、疑問がいくらでも浮かんでくるはずです。

そもそも疑問がないのは論外ですが、コミュニケーションが下手なために学びの機会も逃してしまうのはもったいないことです。

自分を先輩の立場に置き換えて考えてみてください。後輩に慕われて嫌な気持ちになる人はあまり多くないはずです。

だから学校の先生や近所の方などとも臆せず積極的に交流して、目上の人とも気負わずに会話できるように慣らしておきましょう。

「願えば叶う」の嘘と効能

実際に高校生の僕は、年上の方たちとの交流で学ぶことが多かったです。

勝田声優学院では年上の大学生たちが有志で公園に集まって、よくエチュード（即興演劇）や発声練習をしていました。そこに僕もついていって参加させてもらっているうちに、同年代とは話すことがなかった新しい考え方を知ることができたのです。

モチベーションをどのように維持するのか、どのようなメンタルで臨むと物事が達成しやすいのか。主に自己啓発的なことを知る機会が増えました。

そんな中、彼らに教わったのが、ジェームズ・レッドフィールドの『聖なる予言』（角川文庫）という本です。

いわゆるスピリチュアルな本ですが世界的にベストセラーになっていて、ざっくりと要約すると、「成功するためには自分が成功している姿を青写真として描いておくことが重要で、それがいい結果を引き寄せることにつながる」というようなことが書かれていました。

僕がのちにバァン・ファーネル役で出演したアニメ『天空のエスカフローネ』も、「ポジティブなビジョンをもつことが、いい未来を引き寄せることにつながる」という因果関係が、ひとつのテーマでした。ちょうど言葉や考え方として、「願えば叶う」が流行り始めた時代です。

僕はまやかしとか迷信にのめり込むタイプではありません。でも、もっともだなと思ったものは素直に取り入れるようにしていて、青写真を描くこともそのひとつでした。

今はむしろ、「願えば叶うとか無責任なことを言うな」という風潮があります。

確かに、願えば100%全てが叶うわけではありません。でも実体験として、「こうなりたい」という青写真を描いたことが、まだ何者でもない自分が声優を目指す上での大きな力になった部分は否定できません。

まわりが道をつくってくれる条件

もう少し詳しく僕なりの「願えば叶う」の解釈を説明すると、願っていれば神がかり的に結果がついてくるということではもちろんなく、願うことで情報や人が集まってきやすくなるということです。

例えば声優になりたいという願いを叶えるために、声優として活躍する青写真を描くとします。3年後に事務所の○○○に所属して、5年後に『ガンダム』シリーズに出るとか、とにかく自分のベストと思えるキャリアを具体的にイメージしましょう。

芝居の得意な部分が自分でわかっているのであれば、どのような計画で長所を伸ばしていくかなども、細かくイメージしていきます。

そして、それらを実現するためにはどうしたらいいかを自分なりにリサーチして、身近なことから実行していくのです。青写真が具体的であればあるほど、それに関連した情報が自分でも目につくようになります。


また、強く願ったり思ったりすると、そのことがつい口から漏れてしまうものなのです。

例えば僕は菅野美穂《かんのみほ》さんが好きなので、いろんな場面で「菅野美穂さん、かわいいな〜」と言ってしまいます。

すると、「そういえば今度、菅野さん主演の映画やるみたいよ」「菅野美穂さん、雑誌でこんなこと言ってたよ」と、情報や同好の士がまわりに集まってきやすくなるのです。

これらは自分から口にしなければ起こらなかった現象です。

誰かのファンだと公言していたら、それを見聞きした人の仲介で本人と会うことができたなんて話は、そこら中にありますよね。


残念ながら僕はまだ菅野美穂さんとお会いしたことはありませんが、実際に仕事につながったケースはあります。

僕はゲームの『ドラゴンクエスト』シリーズが好きなことを、各方面でつい熱弁していました。すると、めぐりめぐってそれを耳にしたディレクターから、ドラマCD『CDシアター ドラゴンクエストVI』出演のお話をいただいたのです。しかも主人公のウイル役でした。


ただやみくもに願うのではなくて、抑えきれないくらい強く願った上で、「こうしたいんだ」と口にも出して、自分でもそのための努力を惜しまずにやる。

すると、努力を認めてくれた周囲から情報や人が集まってきて、気づけば実現への道が拓けてくる。

これが、僕の思う「願えば叶う」の正体です。

具体的な青写真を描くことが目標を達成するのに役立つなら、やらない手はありません。

漫画の主人公として過ごす

声優を目指す上でのメンタリティについては、僕の持論も役に立つかもしれません。

それは、「漫画の主人公として毎日を過ごす」というものです。

自分の人生においては、大統領でも大女優でも脇役。誰でもない、自分が主人公です。だから人生を漫画に置き換え、その主人公として暮らしてみようという提案です

(もちろんアニメの主人公でもいいのですが、週刊漫画のほうがイメージしやすいので)。

例えば、漫画の主人公が敵にボロカスにやられていたとしても、そのまま落ち込み続けたりはしません。だから実際に自分が挫折を味わって落ち込んだ時も、「今たくさんの読者が次週の展開を楽しみにしている」と思えば、なんだか楽しくなってきませんか。

どう復活したら読者が燃えるのか。楽しんでくれるのか。

そんなふうに捉えると、自然とポジティブになってくるはずです。

また自分は主人公なので、当然ザコキャラがやるようなことはやらないというのも大事です。

ツイッターの裏アカウントで愚痴を延々と書くとか、誰かを盾にして威張る、意地悪をするなどは、基本的にザコキャラしかやらないですよね。

一般的に考えても、そういう人に仕事を頼みたくなるはずがありません。

声優は「なりきる」職業です。生き方も漫画の主人公になりきることができれば、いい結果が出やすくなると僕は思っています。

競争率は25年前も大差なし

声優を目指すにあたり、僕が最低限必要だと考えていることとして、あなた自身の気持ちや心構えの部分を書いてきましたが、今度は声優業界の今を、僕なりに解説していきます。

のちに後悔しないためにも、やはり何かを目指す上で、その業界の現状をきちんと把握するのは大事なことです。

「はじめに」で、今は1年で3万人が声優を目指して勉強を始め、そのうちの200人が事務所に所属するという数字を紹介しました。もちろん数字として3万人は大きいですが、事務所に所属する割合から考えれば、実は僕の時代とそれほど変わりません。

僕が通っていた勝田声優学院は事務所が運営する養成所ではなかったので、2年学べば事務所に所属できる機会があるわけではなく、一律卒業となり、残りたい人はゼミを受講することもできるという方式でした。

だから僕は卒業後、同学院のゼミに通いながら大手事務所である東京俳優生活協同組合(俳協)の養成所に入り直しました。

僕は最終的に、1年後の選考に残って俳協に所属できることになりましたが、所属することができたのは400人の生徒のうち3人だけ。ちなみに、そのうちのひとりが今も一緒の事務所にいる長沢美樹《ながさわみき》さん(『新世紀エヴァンゲリオン』の伊吹《いぶき》マヤ役などで知られる声優)です。

つまり事務所に所属できる確率としては、25年前も今と同じく1%未満。志望者、声優の人数がともに増えただけで、いま声優になることが急激に狭き門になったというわけではないのです。

デビューはしやすいが脚光は浴びづらい

同じく「はじめに」で、アニメ番組の放送作品数は、2015年で341本という数字も紹介しました（「アニメ産業レポート2016」より）。観る側がチェックしきれないほどに作品数が多くなったので、事務所に所属できれば昔と比べてアニメの声優としてデビューするチャンスが増えたのは事実です。

ただ昔との大きな違いとしては、今は作品数が増えた結果として、主役を1〜2本やっても広く認知されないことが多々あること。作品によっては、「そのアニメはどの局でいつやってたの？」なんて言われることすらあるくらいです。

僕がデビューした当時は放送作品が今の4分の1ほどで、主役を1本やると脚光を浴びやすかったのです。

繰り返しになりますが、新番組がどんどん増えた結果、主人公をやるようなフレッシュな人材は大量に求められ、新人が声優の世界に入りやすくなったのは確かでしょう。ただ、その後の仕事の受け皿がきちんとあるのかというと、そうとばかりも言えないというのが僕の印象です。

デビューしてプロにはなれたものの、のちに実力が求められる段になって期待に応えられず、一気に仕事が減ってしまうというのはよく聞く話です。

悪い言い方をすると、新人が使い捨ての状態になっている側面もあるように見受けられます。

これは、フレッシュでギャラも抑えられる新人のニーズが高いことにも関係しているので、長く活躍するためにはどうするべきなのかを、それぞれが考える必要があるでしょう（声優の生き残り方については「第4章」で）。

新人を大事に育てる土壌は減っている

また、求められる声優のタイプや、コンテンツ制作の現場も多様化しています。

昔は演劇出身の先輩たちが多かったこともあり、全体的に「演劇ができてナンボ」という空気があって、僕らもそれに沿った教育を受けてきました。

捉え方としては、演劇の声の部分だけをフィーチャーして仕事をしているのだという考えです。「マイクの前でもできるだけ動け」「肉体の変化を感じながらセリフを言え」というような指導をされました。

もちろん、今も演劇ができるのが基本という本質は変わりません。だから養成所や専門学校に通うと演劇を指導されます。

ただ、近年はアイドル的な声優が人気になり、声や見た目がかわいくてスター性があるなら、多少芝居が下手でも問題なし。ルックス、歌、ダンスなどが重視されるという場合もよくあります。

DVDやブルーレイを売っていくことを考えると、演劇の実力や役とのマッチングだけで選ぶよりも、数が見込める人気声優をキャスティングしていったほうが確実だという意見も否定できません。

また、音響監督やディレクターが新人を育てるチャンスや環境も減ってきている印象です。

僕がデビューした時代は、無名の頃に拾ってくれたディレクターが一人前になるまでは何度かチャンスをくれることが普通にありましたし、僕自身もそうやって育ててもらった部分があります。

逆に考えると、昔は音響監督やディレクターに強いキャスティング権があったということです。

今は製作委員会方式が主流となり発言権のある人が増えているので、出資している企業から「この人を使おう」と言われたら、当然それで決まってしまうこともあります。

誰かが育ててくれないのであれば、自分で育っていくしかありません。演劇で勝負するにせよ、アイドル的に勝負するにせよ、デビューしたあとは自分で自分を鍛えていくことが昔以上に必要になったと言えるでしょう。

声優とお金の話

さて本章の最後に、皆さんが気になるお金の話をしていきます。声優のギャラについて調べるとよく出てくる「ランク」システムの話です。

ほとんどの声優は協同組合日本俳優連合（日俳連）に登録して活動を行うことになります。

新人は「ジュニアランク（以下「ジュニア」）」に3年間位置することになります

が、アニメや洋画の吹き替えであれば、映像の長さとは無関係で報酬は1本あたり1万5000円です。

この3年間は新人の育成期間であり、コンテンツ制作側からすると安く声優を使える期間と言えます。


僕がデビューした頃は、声優は週に4本レギュラーをやれば食えると言われていました。もちろんその人の生活水準にもよりますが、新人でも4本レギュラーがあれば1週間で6万円。1か月を4週間とすれば、売上は月に24万円になります。

これは事務所に支払われる額ですから、決められたマネジメント料を差し引かれたものが声優の収入です。マネジメント料は各事務所で異なりますが、例えば事務所に2割差し引かれたとすると、源泉徴収でさらに1割差し引かれて手取りは17万円強。実家暮らしなら問題はないですし、ひとり暮らしでも質素に生活すればやっていけるレベルです。

しかし、コンスタントにレギュラーが4本ゲットできるのかという問題もあります。僕もそうでしたが、食えるようになるまでバイトを掛け持ちしてしのぐというのが声優の現実です。

ただ、大手事務所の場合は指名ではない仕事がまわってくることもあり（例えば「若い声の女性」のような、ざっくりとしたオーダーで、企業ＣＭの仕事があったりするのです）、無名なのに生活に困らないというケースもあります。

僕も最初は大手事務所の俳協に所属していたので、指名ではないラジオＣＭの仕事などにかなり助けられました。

どの作品でもギャラは一緒

「ジュニア」にいられるのは3年間と決められており、その後も声優を続けるのであれば、事務所と相談の上でランクを自己申請して「ランカー」となります。

一番低い「ランク15」は、30分のアニメ作品であれば1本1万5０００円。「ランク16」は1本1万6000円と、以降1000円刻みのランクは「45」まであり、その上の最上位は「ノーランク」と呼ばれ、ギャラは案件ごとの自由交渉になります。

30分以上の、映像の尺が長いものは割増率に従ってギャラが増え、60分番組なら1・5倍、120分番組なら2・3倍になります。

つまり映像の尺の長さでギャラが決まっているのが特徴で、国民的アニメでも深夜アニメでも、同じ分数ならギャラは一緒ということです。だから多くの人に名前を知ってもらえるという大きなメリットはありますが、メジャーな作品だからギャラが高いというようなことは、残念ながらありません。

ただしメジャーな作品ほどゲームが発売されたり、キャラクターソングのCDが出たり、イベントに出演したりと、関連した仕事が発生します。

それらはアニメ作品で決められているランクの外の話なので、基本的にギャラは自由交渉。ランクとは関係なく、その声優がどれくらいのポジションにいるかで金額が決まることになります。

イベントであれば、どれくらいの集客力があるのかなども関係してくるでしょう。こうした出演作品から派生する仕事が多ければ、収入はランク相当以上に増えていきます。

ちなみに各声優のランクは、一般社団法人日本音声製作者連盟（音声連）に加盟している会社は知ることができるのですが、声優の僕らは知ることができません。だから同業者のランクは基本的にわかりません。

僕が小耳に挟んだ限りでは、常に現場にいたいという方は戦略的に低めのランクにしているようですし、演技の品質にこだわるのだからとランクを上げていく方もいて、人それぞれですね。

ランカーという分岐点

ランカーといっても、「ランク15」なら30分番組は1本1万5000円なのだから、「ジュニア」と同じギャラじゃないかと思うかもしれません。でも、実はそうではないのです。

ランカーは「ジュニア」と違い、DVDやブルーレイ、ネット放送などの転用料（二次利用料）が加算されていくので、「ランク15」でも実質的に「ジュニア」の倍以上のギャラになります。

しかし、だからといって収入も倍以上になるかというと、そうではないところが声優の難しいところです。ギャラが高くなったがゆえに、ランカーになった途端に仕事が減ることが少なくないからです。

本当はランカーの人を使いたいけれど予算の関係で「ジュニア」の中から選ぶしかないという話は、よく耳にします。

同じく予算の関係で、主役だけ名のあるランカーで、ほかは全て新人という洋画の吹き替えもたくさんあります。

仕事の受注という意味では、ランカーになっただけで一気にハードルが上がるわけです。

だからこそ「ジュニア」として活動する3年間のうちに、なんらかの方法で、倍以上のギャラでも使ってもらえるような声優にならなくてはなりません。

中には仕事がないので一度事務所を辞めて、ほかの事務所に移ってまた「ジュニア」から始める人もいます。これは「ジュニアわたり」と呼ばれていますが、業界として見て健全ではないことだと思います。

多くの個人事業主と同様に声優もまた、めでたくプロになってもいつまで仕事が続くかわからず、常に気が抜けない職業だということは肝に銘じておきましょう。

第2章

養成所のカモになるな！

養成所と専門学校の違い

「第1章」では、安易な気持ちで声優を目指そうとしていないかを皆さんが今一度自身に問う意味で、必要な素質や心掛けなどを書きました。なぜなら、しつこいようですが、皆さんが目指そうとしている世界は思っている以上に厳しいものだからです。

この業界（理想を言えば芝居）への異常なまでの愛情や「何をおいても声優になる」という揺るぎない覚悟。それらを最低限の武器にして懸命に取り組まなければ、お金や若き日々の貴重な時間を無駄にするリスクを伴います。僕が直面した挫折は、皆さんの身にも十分起こり得るものです。

それでも声優を目指すということであれば、自分に合った養成所や専門学校を探すことになります。それは養成所か専門学校、もしくはその両方を経由して事務所に所属し、声優になるのが現在もっとも認知されている基本ルートだからです。

「第2章」では、これらについて知っておくべき情報を書きたいと思います。

まず根本的に養成所と専門学校の違いはなんなのか。

どちらも演劇を学ぶのは一緒ですが、養成所は声優事務所が運営しており、高く評価されればエスカレーター式にその事務所に所属することができます。逆に言うと、その事務所以外に所属する道筋はありません。講義は週1～数回のところが多く（僕が講師を担当しているアトミックモンキーの養成所だと優秀な場合にはごく稀に1年で修了する飛び級もありますが、基本的に2年制で、週1回2時間半の授業があります）、実践的な内容が中心です。

一方、専門学校は特定の声優事務所に縛られてはいないので、理論上アプローチできる事務所の選択肢は広くなります（専門学校がもつコネクション次第）。1週間におけるコマ数（講義の回数）が養成所に比べて多いため、演劇の初歩の初歩から学べる部分もあるでしょう。

コマ数の違いは学費にも表れており、専門学校は年間100万円以上かかるのが一般的です。

養成所は年間60万円以内が多いようです（アトミックモンキーの養成所の場合は1年生が入学金10万8000円、年間受講料が38万8800円。2年生は年間受講料のみ。2017年時点、ともに税込）。

入れるかもしれない事務所の選択肢が多いのなら、専門学校にしようと思う方もいるでしょう。

ただ、専門学校の生徒がオーディションで事務所に評価されても、そこが養成所を運営していれば、「短期間でもうちの養成所で学んだ上で所属してほしい」と言われることが普通にあります。

その事務所が求めている部分を伸ばすためでもありますし、すぐデビューできるくらいに頭角を現している人であれば、養成所の卒業生として実績に加えたいという事務所側の思惑もあるでしょう。

ちなみに「第1章」で書いた通り、僕が最初に通っていた勝田声優学院は養成所でありながら事務所が運営していなかったので、私塾に近い例外的な存在でした。

僕が通う以前は、代表の勝田 久さんが所属するアーツビジョンに優秀な生徒を紹介する仕組みがあったので（アーツビジョンの養成所である日本ナレーション演技研究所の設立の過程で、その仕組みがなくなったと言われていました）、もともとは一般的な養成所に近かったようです。

最近、生徒で増えてきたと感じるのは、地元の専門学校で学んだ上で上京して養成所に通うというケースです。

「専門学校に通ってから養成所に行くのと、養成所にいきなり通うのはどちらがいいですか」と訊かれることがありますが、僕は正直、どちらでもいいと考えています。

専門学校で業界の人と接し、声優がどんなことをするのか経験してみて本格的にやっていけるかをジャッジしてもいいと思いますし、自分と向き合ってみて、すぐにでも戦えるという覚悟があれば、いきなり養成所でもいいでしょう。

養成所のビジネスという側面

ただし忘れてはならないのは、養成所は人材発掘の面はありますが、事務所の経営を安定させるためのビジネスでもあるということです。当たり前ですが、生徒が集まれば集まるほど利益が出る仕組みになっています（専門学校も同様です）。

その結果、多くの一般応募の生徒が養成所のビジネスの糧になっている現実は否定できません。実際、一般応募から声優になって売れている人は、業界全体としてレアケースなのです。僕は最近、この点も生徒に正直に伝えることにしています。

先ほど少し触れたように、養成所の実績として載っている名の知れた声優は、実はそもそもほかの専門学校や劇団で有望な子を引っ張ってきたパターンが多いのです。

彼らを特待生のようなかたちで養成所を経由してデビューさせて、それを生徒募集のための実績として載せているということです。

もちろん、僕や長沢美樹さんのように、一般応募で養成所に通って事務所に所属し、声優としてデビューして長年食べている人はいます。

うちの養成所で言えば第3期卒業生の榎木《えのき》淳弥《じゅんや》は、全く芝居をやったことがない、経験ゼロの状態で入ってきて、ゼミを含めて3年間演劇を勉強し、晴れて所属となりました。

すぐには売れませんでしたが、アニメ『カードファイト!! ヴァンガードG』のメインキャラクター・綺場《きば》シオン役に抜擢《ばってき》。これを機に仕事のオファーが増え、今は声優の仕事だけで食べていけています。

ただし繰り返しになりますが、榎木淳弥のような例は、特待生扱いの人たちに比べると数が多いわけではありません。

ひと握りの生徒が養成所や専門学校をうまく活用してデビューする一方で、実績を見て軽い気持ちで通い始めた多くの生徒はふるい落とされていきます。

ただ結局、そういう現実があるからといって、簡単に諦めるのかということですよね。

諦めないのであれば、ただのビジネスの糧にされないように懸命に取り組んで、養成所や専門学校を逆に利用してやりましょう。

専門学校に行くにせよ、いきなり養成所に行くにせよ、「ほかの生徒を全員ぶっ飛ばす！」くらいの気持ちで学んでほしいです。

養成所に入るために必要なもの

専門学校と違い、養成所に入るためにはオーディションを受ける必要があります。養成所と専門学校のもうひとつの違いです。

もしかしたら、これを高いハードルのように感じている方がいるかもしれませんが、安心してください。日本語がスムーズに読めない、話せないなど、声優をやる上で致命的な問題がない限り、オーディションに落ちることはほとんどありません。

入所後の成長度合いは誰にもわからないからという理由もありますが、前述の通り養成所はビジネスの側面もあるので、基本的には多くの方が入所できるようになっています。

参考までに、うちの養成所の応募条件を紹介すると、「満15歳〜30代くらいまでの心身共に健康な男・女」です。

おそらく一番のハードルは年齢でしょうか。30代も受け付けていますが、アニメの声優に限れば若ければ若いほど演じられる役が豊富で、デビューには有利になります（ナレーション等だとまた話は変わってきます）。

「心身共に健康」というのも意外と見逃せません。ごく稀に、オカルト的な方の応募もありまして……。

「僕はもうひとりの自分が見えて、彼といつも会話しています。今日もそいつがここに行くなって止めてきたんですけど、それを無視して来ました。皆さんもそういうことってありますよね?」「ないです」というような。

こういう場合は、さすがにお断りしています。

養成所で10年教えてきた僕の独自の統計では、口跡《こうせき》が明瞭で声もビジュアルも華があり、誰が見ても「この子はいける!」という逸材はほとんどいません。数百人にひとりいればいいほうです。

そのような逸材はどこの養成所に入ってもすぐに頭角を現すでしょうが、それ以外の人が声優になれるかどうかは、その後の努力にかかってきます。

大手事務所のメリットとデメリット

養成所を選ぶことは将来の事務所を選ぶこととイコールです。では、事務所はどのように選ぶのがいいのでしょうか。

憧れの人がいる事務所を選ぶという方もいると思いますが、ここでは大手事務所と中小の事務所に分けて、それぞれの良さと問題点を紹介していきます。

大手事務所のメリットは、仕事が豊富に集まってくることです。

どこかの会社が声優を探していて、「どこに頼めばいいんだろう」と迷ったら、やっぱり大手で有名な声優がたくさん在籍しているところに話がいきやすい。

「第1章」で書いたように、俳協が大きな事務所だったので、売れていないのに仕事をもらえることが、僕もよくありました。

大手事務所とはいえタレントの数には限りがあるので、先輩のおこぼれが定期的にまわってくるのです。

デメリットとしては大手事務所は知名度があって人材もたくさんいるので、中小の事務所よりも正式に所属するまでが大変です。所属の一歩手前の「預かり」と呼ばれる状態が長く続き、飼い殺しのようになる人もいると聞きます。

その代わり所属できればある程度の仕事が保障されており、声優として食べていきやすいのは事実です。

中小事務所のメリットとデメリット

一方、うちのような中小事務所は、倍率的に見れば大手よりも多少入りやすいことが、まずメリットとして挙げられます。

また、所帯が小さいぶん、一人ひとりに目を向けてもらえて、個人の長所を理解してもらいやすいのも良さのひとつでしょう。自分が望めばマネージャーやデスクと親密な関係性を築いていくことができますし、すぐに名前も覚えてもらえます。

大手事務所は声優をたくさん抱えているので、この声優にはこのマネージャーと、担当が決まっていないことが多く、中小ほどの細かいケアは期待できない部分があるのです。

ただ、個人の長所がわかって、この子はいいなと思ってもやらせてあげられる仕事が大手に比べて少ないことが、中小事務所のデメリットになります。

うちの事務所も含めて、そうならないようにスタッフは努力していますが、自分が黙っていても仕事がくるような状況にはならないと思っておいたほうがいいでしょう。

大手事務所と中小事務所、自分はどちらのほうが向いているのかを分析して、その中でもどの事務所に所属したいのかをしっかり考えた上で、養成所を選ぶのをおすすめします。

もちろん、中には養成所をもたない声優事務所もあります。その場合は、どのようなルートで新人を発掘しているのかリサーチして（専門学校生を対象に独自のオーディションを行っているケースもあります）、通う先を選びましょう。

ちなみに僕が俳協の養成所を選んだ理由ですが、実はほかの事務所のオーディションを受けるための予行演習で受けただけで、通うつもりはありませんでした。

でも、入所オーディションのあまりの出来の悪さに悔しくなり、受かった暁には、「ここに入って試験官を見返したい！」という一心で進路を変更したのです。

結果的にはそれが良かったのですが、あの出来の悪さで養成所に入れたことを考えると、僕も最初はビジネスの糧として見られていたと思います。

養成所で何を学ぶのか

ではいよいよ、うちの養成所「アトミックモンキー／声優・演技研究所」（アト研）を例にして、養成所ではどんなふうに演劇を学んでいくのかを簡単に紹介していきましょう。

アト研は担任制になっていて、1年間同じ講師のもとで演劇を学んでいきます（時折、別の講師が教える特別講義もあります）。

講師は僕と長沢美樹さん、脚本・演出家の小林大祐《こばやしだいすけ》さん（NHK木曜時代劇『夏雲あがれ』、TBSドラマ『ハンマーセッション！』などの脚本を担当）の3人です。

基本は週1回、2時間半の講義なので、学校に通いながら受講する方もいますし、働きながら受講する方もいます。近年は8クラスを設けており、各クラス定員20人、合計約160人の生徒が毎年入所してきます。

1年間のカリキュラムは、ざっくりと「身体論、呼吸」「実践、読解」「発表会」の3つに分けられます。


最初はエチュードなどをしながら身体を動かして演劇することを学習。そして、少しずつ肉体とセリフをリンクさせる方法を身につけていきます。

肉体とセリフのリンクという意味で、もっともわかりやすいのが呼吸です。感情と呼吸には大きなつながりがあるので、それを研究しつつ実践していきます。

例えば、悲しくなったり泣いたりすると、しゃくる感じというか、呼吸は浅くて速くなります。面白いものでそういう呼吸をすると、悲しくなくても涙がじわりと出てくるのです。

つまり、感情から自然と涙が出てきて、その結果、浅くて速い呼吸になることもあるし、そういう呼吸をすると、感情が悲しい方向でくすぐられることもあるということ。

逆に怒っている時は、「フーッ」というような、深くて長い呼吸になります。そして呼吸をそうしていると、なんだか全てがムカついてくるようになります。

こうした身体のメカニズムを踏まえた上で演劇をやったほうが、セリフを操るのが容易になるのです。

リアルとリアリティは違う

その観点から、アト研では立ち回り（アクションシーン）などを講義に取り入れています。

人は戦う時にどういう呼吸になるのか、どのように身体は躍動するのか。それらを意識して学んでいくと、アニメのアドリブひとつをとっても、自分らしさが出せるようになります。

僕がデビューした時からこだわっていることのひとつが、「いかにアドリブを適当にやらないか」です。

演劇では日常の生活で存在しない音を、リアリティを出すためにアドリブで発することが多いのです。振り向く時に「ん？」と言ったり、殴られたら「ウッ！」とうめいたりすることです。

たぶん本当に殴られた時は声が出ないことも多いと思うのですが、あえて「ウッ！」と発することで観る側に共感が生まれやすくなります。リアルではないけど、リアリティがあるのです。

アニメだと動きに合わせて適当に息を「フッ」「ハッ」とやっていれば、それっぽく聞こえてしまうし、それ以上を要求されない場合も少なくありません。

でも、呼吸ひとつを突き詰めてくるディレクターも少なからずいます。そういう人たちとも一緒に仕事をやっていきたいと思うのであれば、アドリブで表現するリアリティに創意工夫が求められますし、自分でも追求していく必要があります。

リアルとリアリティの違いを把握できていない人は多いので、演劇をする上でのひとつのポイントと言えるでしょう。

誤解を恐れずに言うと、演劇は大いなる「あるあるネタ」だと思うのです。多くの人にリアリティを感じてもらって「あるある」と思ってもらえれば、リアルでなくてもその世界観の中では正解に近いということです。

例えば万人が思い描く女性アイドルのリアリティは、「かわいくて高い声」でしょう。

でも、アニメのアイドルキャラに実在のアイドルが声をあてて素で演じたら、100%リアルなはずなのに「声、低っ！」と、違和感だらけになることもあるわけです。

リアリティがリアルを凌駕《りょうが》することがある。

ここが演劇の難しいところであり、面白いところです。

声優には国語力も大事

「身体論、呼吸」の話はこのあたりにして、「実践、読解」に話を移しましょう。

講義では、ドラマCDの台本を読むこともありますし、漫画原作のアニメを題材にして、漫画と台本をそれぞれ読み、漫画に含まれている情報量をきちんと演技で入れられるかを実践することもあります。

台本を見ながらセリフを言うと、途切れ途切れに読んでしまう方が多いのですが、原因はたいていキャラクターがどんな目的でそのセリフをしゃべっているのかを理解していないことにあります。

目的がないセリフというのはないですし、きちんとセリフの目的が見つけられれば、無用な息継ぎや不自然な間などもなくなり、適切に言いたいことを伝えられるようになります。

また、声優には国語力が意外と大事で、どの言葉を立てるべきなのかを読解できるかできないかで、演技が大きく変わってきます。

日常生活ではみんな普通にやっているはずなのですが、セリフを文章で見ると、なんとなく漢字などの印象の強い言葉を立ててしまいがちなのです。

例えば、「私はあなたを愛している」というセリフが台本にあったとしましょう。

そのキャラクターが、ほかの誰でもなく自分が愛しているということが言いたいのだと思ったら、「私は」が強くなります。

愛していると伝える候補がいっぱいいる中でのセリフであれば、「あなたを」を強くするべきでしょう。

愛していることを伝えたいのであれば、アクセントは「愛している」になります。

いずれも初歩的な話ではありますが、その時々で適したものを読み取って伝えていくことが、声優には求められるのです。

国語が苦手な方は養成所や専門学校に行く前に、読解力を意識して磨いておくといいかもしれません。

養成所は生徒のどこを見ているのか

アト研では1年生の最後にクラス合同で「発表会」を行います。したがってカリキュラムの後半は、発表会の題材を決めて、演劇をみんなでつくっていくことになります。

この発表会は2年生への審査も兼ねていて、約160人のうち約60人が2年生に進級することができます（2017年時点）。

同時にクラスも8つから3つに絞られます。ほかの養成所も似たようなシステムが多いはずです。

一発勝負ということではなくて、発表会のほかにも1年で6回、生徒はマネージャーにアピールするチャンスがあります。現場のマネージャーが直接演技を見るのは2回あり、それ以外に4回、収録された演技を聴いて技術の向上を確認しています。人柄などについては、養成所の教務担当がマネージャーと情報を共有。緊張しやすさや社交性などの部分も踏まえて対面時にチェックされます。

「生徒のどこを見て評価していますか」と訊かれることがよくあるのですが、これは難しいところで、即戦力が欲しいマネージャーと意見が割れることもあります。

僕の場合は、ひとつの題材に対してどのくらい真摯に取り組んでくるのか、言ったことに対してどのようなリアクションをするのかを重視しています。

よく「あの子は伸び代がある」という言い方をしますが、伸び代を具体的に言語化するならば、この「姿勢」の部分でしょう。

実は教える側は、演劇の上手、下手はそれほど関係ないと考えています。もちろん生徒によって差はありますが、第一線でやっているプロのレベルから見るとドングリの背比べですから。

そういう意味では、演技を一度厳しく指導されたからといって、おしまいだと思う必要はありません。僕を含めて声優ならばみんな経験していることです。

昔から稽古は恥をかく場所だと言われていますが、中途半端にやって恥ずかしがるよりは、とにかく思い切りやること。そして、いかに稽古を本番だと思って取り組めるかが大事になります。演劇は観客がいる本番をやると、やっぱりみんなうまくなりますから。

観客がいれば腹をくくらないといけないので、下手でも本気になり、それが上達につながるのです。

でも、本番の数は若ければ若いだけ少ない。だから自分をマインドコントロールして、本番のつもりで稽古に臨むことが大切です。そんな生徒は上達も早いですし、有望だと僕は評価します。

人間は弱いので、稽古だと思うとどうしてもどこか手を抜いたり、逃げたりしてしまいます。

また、養成所で同期と仲良くなってくると、「多少失敗しても笑って許してくれるだろう」というような甘えも生まれてくるものです。それをどれくらい律していけるのか。

芝居だけではなく、稽古に取り組む姿勢も養成所では見られている。

そのように考えておくといいでしょう。

アトミックモンキーに所属できる確率

審査を通過して2年生に進級したら、基本的には1年生と同様のカリキュラムをより深めて、再度行います。1年やったから基礎が完璧になるかというと、そんなわけはないからです。

2年生の優秀者は、そのまま事務所の所属になることもあれば、さらに1年ゼミで学んでから所属になることもあります。近年のアト研では後者の、ゼミ経由で所属になることが増えています。

そして皆さんが気になるのは所属できる割合だと思いますが、うちは年々選考基準が厳しくなってきており、所属になるのは1年にひとりかふたりです。

入所時の160人中ひとりかふたりですから、所属の確率は約1％。うちより規模が小さくなるともう少し確率は上がるでしょうし、大手事務所の養成所なら確率はさらに下がります。

聞いた話なので都市伝説くらいの気持ちで捉えてほしいのですが、ある養成所の1期生は、生徒20人のうち4人が所属前提の事務所預かりになったとのこと（つまり20％！）。

その後、食べていけるかどうかは別にして、事務所に所属することだけを考えれば、新しく始まる養成所は狙い目かもしれません。

養成所の昔と今

僕が通っていた頃の養成所と現在の養成所の違いを考えると、講義内容が洗練されてきた印象があります。

昔は養成所が多くなかったこともあって、声優の先輩が講師としてクラスにやってきて、基礎的なことを趣味に応じて教えるというパターンがほとんどでした。

部活のようなノリで、「俺の言うことを聞いて、とにかく走っていればいいんだよ」というような感じです。がむしゃらにうさぎ跳びをやらされるのに近い感覚でしょうか。

でも、うさぎ跳びは科学的にあまり良くないことがわかったので、今はわりと考えなしには行われなくなりました。

スポーツの指導と同じように養成所の指導も変化してきて、演劇を科学的に解体した、理屈に基づいたカリキュラムが今の主流です。先ほど紹介したように、身体の構造の問題や生理的な現象も踏まえながら稽古していきます。

その他、僕の同期などに話を聞くと、相撲で言うところの「かわいがり」を、講師にしていただくこともよくあったそうです。愛をもってというのが大前提ですが、芝居がなっていないから、見本として殴る演技を見せていただくわけですね。

時代的に学校でも先生が生徒に手を出すのが普通だった頃ですから、特に驚くべきことでもないのかなとは思います。

今の養成所は叱る時にもエキサイトせず、速やかに問題点を指摘する欧米的なスタイルになっていますので、その点の心配は不要でしょう。

ただ事実としてうさぎ跳びをやって強くなった人もいるように、僕はスポ根的なトレーニングが100％悪かったとは思いません。少なくともメンタルが強化される面はあったと感じているからです。

新人の頃は、僕のこれまでの足跡を何も知らないはずなのに、「お前はぬるま湯で育ってきた人間だからぬるい演技になるんだ！」などと罵声を浴びせられることが何度かありました。

それまでに叱責に対する耐性がついていないと、面食らってしまうはずです。

このように学びの場としては、現在の養成所のほうが洗練されているのは間違いないでしょう。

一方で、養成所が学校化して生徒に過保護になってしまった部分もあり、ハングリー精神が育ちにくいような気がしています。

昔は声優になる方法がベールに包まれていて、数少ない養成所を自力で探して発見した人だけが通うことができました。

よって生徒のモチベーションや積極性が今より相対的に高かったのは間違いなく、その点は昔の環境に学ぶべきかもしれません。

お金と時間を無駄にしない「自発力」

養成所も専門学校も、義務教育ではありません。

自分で選んで通うことにしたのですから、何を学びたいのか、どうなりたいのかを意識しながら能動的に取り組むのが大事です。

「第1章」で書いたように、たとえ身の丈に合っていなくても青写真を描き、明確なビジョンをもって稽古に臨みましょう。

生徒のモチベーションが一様に高かったであろう、僕が養成所に通っていた時代ですら、「あの講師は何も教えてくれない」「何も教えてくれないからダメな講師だ」とぼやく生徒がけっこういました。

でも、そういう他人任せの人は、やっぱり声優にはなれていないのです。

教えてくれないなら自分から知りたいことを訊きに行けばいいし（講師側からして

も、訊きに来られて悪い気はしません）、それくらいの探究心がない人は、やはりプロになっても食べていくのは難しいでしょう。

この能動的な姿勢を、僕は「自発力」と呼びます。


これは何にでも共通する話で、普通の仕事でも言われたことだけやっていたら、「あいつは使えない」という評価になるじゃないですか。

それと一緒で、言われた以上のことを自分なりにやって、初めて「あいつはできるな」と言われる可能性が出てくるのです。


逆説的ですが、「自発力」の高い人は、たとえ声優になれなかったとしてもほかの分野で活躍できるはずです。

例えば、卒業後にラジオ関係の仕事をするようになった生徒がいて、現場でわざわざ挨拶をしに来てくれたことがあるのですが、彼の中ではきっと養成所に通ったお金と時間は無駄になっていません。

残念ながら声優にはなれませんでしたが、真剣に取り組んだ結果ほかにやりたいことが見つかって、その分野でプロの仕事をしている。声優と関係性の高い仕事ですから、学んだことを生かすチャンスもあるでしょう。

懸命にやれば、確実に何かは残ります。

ただ、狭き門を目指している以上、僕がそうだったように、なかなか評価されないことも多いでしょう。

それで腐って嫌なヤツになるのではなく、漫画の主人公のように最後までやりきってほしいです。

養成所で得るべきは「魂」と「仲間」

この本のために久々に養成所時代を振り返ってみて驚いたのは、印象に残っている学びはおおよそ技術ではなく、土台となる精神的なもの、「魂」の部分だったことです。

具体的にはスタッフに対する礼儀や飲み会でのコミュニケーションなどの、いっけん芝居とは関係のないことも含むものでした（「第3章」で詳しく紹介します）。

養成所ではもちろん技術を学ぶことになりますが、結局ギリギリのところで声優になれるかなれないかを分けるものは、芝居に取り組む姿勢などの、「魂」のような部分に集約されるのかもしれません。

また、それ以外の部分では、演技に関して本気で喧嘩ができて、挫折した時は支え合える「仲間」ができたのも大きかったです。

養成所で出会った長沢美樹さんや那珂村《なかむら》たかこさん（僕が座長を務める劇団ヘロヘロQカムパニーの創立メンバー）とは、いまだに友達で一緒に芝居をやっていますから。

誰に何を学ぶのかもさることながら、どんな仲間とどんなふうに学ぶのかも大事にしてほしいです。

養成所では「ほかの生徒を全員ぶっ飛ばす！」くらいの気持ちでやれと先述したので、仲間づくりなんて矛盾していると感じるかもしれません。

でも、『ドラゴンボール』を見てもわかる通り、本気で殴り合った敵キャラほど、その後は頼もしい仲間になるものです。そう信じて、安心してぶっ飛ばしましょう（精神的な話です。本当にぶっ飛ばさないでください）。

その「魂」が、あなたを声優に一歩近づけてくれるはずです。

第3章 声優の目指し方・実践編

演じることへの興味の芽生え

ここまで声優を目指す上での素質や心掛け、そして養成所や専門学校との付き合い方などについて書いてきました。

本章では実際に僕がどのように声優を目指し、何を学んで声優になったのかをダイジェストでお伝えします。

自伝的な側面が強いですが、ここまでの内容の実践編としても読めるはずです。時代背景が違うとはいえ、やはり必要なことは本質的に変わらない部分が多いからです。

そもそも僕が演劇に興味をもったのには、幼少期から少年時代における3つのきっかけがあります。

ひとつ目は幼稚園児の頃の出来事です。

当時の僕は親に買ってもらった『秘密戦隊ゴレンジャー』の変身セットを身につけて、街をパトロールするのが日課。

ある日、いつものように街をパトロールしていると、同い歳くらいの男の子が僕を見て叫んだのです。

「あっ、アカレンジャーだ！」

その時、「僕は今、アカレンジャーなんだ！」と、扮装する快感に目覚めてしまいました。

ふたつ目は目立つことでウケたこと。

生来の目立ちたがり屋で、幼稚園児ながらクラスの友達を観客に、近所の公園でジャイアンのリサイタルよろしく、ミニライブを開催していたくらいです。みんなを座らせ、ひとりで高いところに登って沢田《さわだ》研二《けんじ》さんの歌を唄うのですが、いま考えるとなかなかシュールな光景です。

当時は幼稚園が終わると、とりあえず公園に集合して遊ぶのが普通だったので、望まれて、日常的にミニライブを開催していました。

3つ目は父親のひと言でした。

父親と一緒に出かけた車の中で、「刑事になりたい」「先生になりたい」と他愛もないことを話していました。僕はテレビドラマの影響を受けやすかったのです。すると父親が、「役者になれば刑事も先生も全部できるよ」と、ポツリとつぶやきました。

この軽い気持ちで言った父親のひと言で、「役者ってスゲーな」と強く意識するようになったのです。

扮装したい、目立ちたいという欲望に、役者という具体的なかたちが与えられ、中学校に入るまでは演劇をやる機会があれば積極的に参加するようになっていました。

そして「演技がうまい」とまわりから言われると、調子に乗って自信だけは膨張していきます。

ひとりっ子であるがゆえ、よく褒められて育ったので、その気になりやすい子どもだったのです。

鏡を見て二枚目役者は諦めた

また、小4くらいの時に劇団3○○《さんじゅうまる》という渡辺《わたなべ》えりさん（旧芸名・渡辺えり子《こ》）が主宰している劇団のお芝居を、下北沢《しもきたざわ》の本多劇場に観に行く機会がありました。たまたま親に連れられて観に行ったのですが、学校で連れていってもらう演劇とは違うアングラ感というか、観てはいけないものを観たというか、ちょっと大人な雰囲気を体験して、芝居にもいろいろな種類があることを知りました。

この臨場感の中に自分も入ってみたい。

そう思いもしたのですが……中学校に入ると思春期に突入。女の子と話したり、人前に立ったりするのが恥ずかしくなり、３年間陸上に打ち込むことになります。

そして高校は私立だったのですが、全国から集まってきた同級生たちに中学で培った僕の陸上の自己ベストは全く通用せず。

絶望感とともにすぐに退部したわけですが、「さて、では次に何をしようか」と思った時に、フッと役者になりたかった夢を思い出したのです。

ところが鏡を見て、どう考えても自分が二枚目として活躍するようなビジュアルではないことに気づきます。よって役者になっても主演の機会はないだろうと、自己完結的に挫折を味わうことになりました。

でもそんな時に思い出したのが、劇団ひまわりに所属してテレビにも出演していた中学の同級生から言われた「関くんは変わった声をしてるから、声優とかが向いているんじゃないか」というひと言。

声変わりする前の僕は、女の子みたいな声をしていたのです。

絶望的なビジュアルだけど、声だけなら、声優ならばいけるのではないか。テレビに出ているアイツもそう言っているのだから間違いない！

そんな気持ちで声優を目指すことを決めて、養成所を探し始めました。

「第1章」で書いた通り舐めていた部分もあるのですが、演者になるという目標は切実で、行動も速かったと思います。

また、いま考えるとテープレコーダーが全盛期だったことも声優という職業を身近にしてくれた気がします。鍵っ子で、ひとりで過ごすことも多かった僕は、テープレコーダーに自分の声を録音してよく遊んでいたのです。

16歳で養成所に通った理由

しかし、今と違って情報があまり世に出ていなかったので、どこの養成所に行くか決めるのには苦労しました。

たまに新聞のラ・テ欄の脇に、謎の声優養成所の広告を目にするものの、正直うさんくさい印象が拭えなかったのです。

実際はちゃんとした養成所だったのかもしれないですが、足を踏み入れてみたいような、でも怖いような、そんな感じを受ける広告ばかりでした。

そこでしっかりリサーチしてみようと思って、徳間書店の雑誌『アニメージュ』を買いました。雑誌をパラパラとめくると勝田声優学院の広告が出ていたのです。

声優・勝田久さんの名前を冠していますし、自分の責任のもとに運営しているのだということが、明確に書かれていました。

ここならしっかりしていそうだなと思えたので、親に意気込みを話し、試験を受けさせてもらうことになりました。

16歳で養成所に通い始めたことについて、まわりから「早いですね」と言われることがあります。

勝田声優学院が16歳からＯＫだったこともありますが、僕は中学生くらいから、漫然と学校に通うのがつまらないと思い始めていたことも大きな要因のひとつでした。

……ダメ人間で申し訳ありません。

今もそういうところは残っていますが、要するに決められたことを毎日ずっと続けるのが性に合わなくて、どうも苦手なのでした。

将来、会社に入ったとしても長くは続かない予感がしていて、授業中によくお先真っ暗な気持ちになったのを覚えています。

そんな時は声優になったら楽しいだろうなと、窓の外を見ながら思いを馳せていました。

現実的な話、高校を卒業したら大学に行くか就職です。

声優になるなら、今のうちに準備を進めておかないといけない。早くしないと就職するハメになる。

高校生ながら、そんな焦りがありました。

小さな挫折と大きな出会い

以前はみんなから演技を褒められていたし、おそらく僕が一番うまいだろう。そんな根拠のない自信だけを抱えて勝田声優学院に入所しましたが、学ぶ内容などの予備知識はゼロでした。漠然と、声のことを中心にやるのだろうなと思っていただけです。

入ってみたら演劇をすると言われて、正直なところ面食らいました。演劇をするとなると生身と生身の人間の触れ合いを避けることはできません。思春期真っ直中の僕は女性と目が合わせられず、勝田さんにボロカスに言われたのは「第1章」で書いた通りです。まわりが女性ばかりだったので、最初は相当に苦労しました。

すぐに挫折して辞めようかと思ったのですが、これも前述したように、水鳥鐵夫さんに養成所に入って初めて褒められたことでやる気が復活。少しずつ女性に慣れてきて、芝居もまともにできるようになりました。

僕は注目されたり演じたりすることが好きで声優を志したわけですが、その「好き」は中途半端で、「異常な好き」ではなかった。だから小さなことで簡単に挫折しました。

たまたま人に恵まれて、初めての挫折から立ち直ることができましたが、もし養成所に入る前から芝居をすることに対してもっと興味と情熱が、声優になることに対してもっと確かな覚悟があったなら、この時も自分の力でなんとかすることができたはずです。

「本気で努力する」ということ

2年生で水鳥さんのクラスになると、僕にとってはそこからがセンセーショナルで、学びの連続でした。

もちろんセリフの読解など、技術的なことも学んだのですが、もっとも影響を受けたのは芝居に対する「魂」の部分です。


僕はひとりっ子だったこともあり、いわゆる要領のいい子どもでした。

例えば、努力をしているかどうかも、大人たちに見透かされない自信があったのです。だから、なんとなくやっていればごまかせる、バレないだろうと高をくくっていました。

でも要領がいいことは、裏を返せば手を抜くクセとも言えるわけで、長所とばかりも言えません。

演劇に対して長年努力してきて、他者のことをしっかり観察している人の前では、それが簡単に見破られてしまうのです。


芝居が全然評価されず、劣等感と嫉妬だけが渦巻いていた時期に、水鳥さんからはっきり言われました。

「君はね、努力をしていないでしょう。だからだよ」

声を荒げるでもなく、静かに指摘されたので、ズーンと心に響きました。

実際まわりをよく見てみると、努力をしている人はなんらかのかたちで報われていました。水鳥さんから認めてもらえたり、チャンスをもらえたり。

だから、そこから「本気で努力する」ことを始めました。

「本気」や「努力」と、使い古された言葉でいくら書いても安っぽいことのように感じられるかもしれませんが、本気の努力とは全てを捨てて他を顧みることすらなく没頭する状態。つまり、芝居が「異常に好き」な状態とも同義ですが、ここにきてようやく、文字通り寝ても覚めても芝居のことばかりを考える日々に突入していきます。

とはいえ、最初は特別に何を努力していいのかわからなかったので、ただ愚直なまでにひたむきに、与えられた課題を延々とやり続けるだけです。

本気で何かに打ち込んだのは、この時が初めてです。

特別なことをしなくても褒められていたので努力する場面がなかった。努力の裏付けがない自信は脆くて簡単に挫けたものの、そこで負けたくないという気持ちをもてたのは、水鳥さんの的確な指摘のおかげです。

全国から芝居が得意な子たちが集まっている場ではあるものの、その中で下から数えたほうが早い自分が許せない。

そんな意地を呼び起こさせてくれ、それが本気の努力の原動力になりました。

それにまた、水鳥さんが努力をするときちんと認めてくれる講師だったのです。

「お前、最近努力しているな、わかるぞ」などと言ってくれるので、それがまた気持ち良くて、日に日に芝居にハマっていきました。

本気を持続させる

本気であることと同時に、それを持続させることも重要です。

たゆまぬ本気の努力は、声優を目指すうえでの糧でもありますが、いずれ声優として生き残るため、秀でた存在になるためにも重要な「魂」です。

ある講義の発表で、自分が想定していたことが何ひとつできなくて、僕は水鳥さんから強く叱責されたことがありました。

養成所というコミュニティで先生に見捨てられたらおしまいだ。

そんな気持ちに駆られた僕は、講義後に水鳥さんを追いかけて謝りました。

「先生、今日は不本意な芝居になってしまってすみませんでした。これからは、もっと努力して頑張ります。見ていてください」と。いま考えると僕なりの精一杯のおべっかです。

そうしたら「なんで僕に謝るんだ」と言われたのです。当時の僕はそれに面食らってしまって、まごつきました。

すると水鳥さんは、こうおっしゃいました。

「謝るんだったら、声優を目指そうと思った昔の自分に謝りなさい」

こんなことを言ってくれる大人がまわりにいなかったので、僕の中ではセンセーショナルな出来事でした。確かに、少年時代の僕に「もっと本気でやってくれよ、未来の僕」と叱られそうです。

今でも自分が挫けそうな時、たびたび思い出します。大事な言葉の宝物です。

スタッフと出演者は平等

水鳥さんには卒業公演の時にも叱っていただきました。

卒業公演は全員がキャストとして出演するわけではなく、裏方のスタッフにまわる生徒もいました。

僕はキャスティングされていたのですが、その日忘れ物をしてしまい、スタッフの子に買い物を頼んだのです。

それを滅茶苦茶《めちゃくちゃ》に怒られました。

「スタッフと出演者の関係性に上下はない。だから、パシリみたいなことをさせるんじゃない。キャスティングされてるからってのぼせ上がるな」

全ての仕事に共通するような教訓ですよね。

本書を書くにあたり、昔を振り返って再認識しましたが、水鳥さんから言われたことは本当にたくさん印象に残っていて、その多くが教訓として今も自分の礎《いしずえ》になっていると感じます。本書で取り上げたのは、ほんの一例です。

水鳥さんは2010年に亡くなりました。

僕は水鳥さんの弟子という気持ちが強かったので、亡くなる前は水鳥さんに認めてもらいたくて声優をやってきた部分もあります。

よく、「男の子は母親や父親が亡くなってから、本当の男になる」というようなことが言われますが、その感覚に近いです。

高木《たかぎ》渉《わたる》さん（『ゲゲゲの鬼太郎《きたろう》』のねずみ男役《おとこ》などで知られる声優）という、水鳥さんのもっと直接的なお弟子さんがいらっしゃるのですが、声優になったのちに、たまたま高木さんと一緒にお芝居をやる機会がありました。

その舞台を水鳥さんが観に来てくれまして、やっぱりすぐに感想を聞きに行きましたよね。「先生、僕、うまくなったでしょう」と軽口をたたいて。

そうしたら、はにかみながら「バカ野郎、全然うまくねえよ」と返されました。でも、そう言われるのもまた嬉しくて。

甘ったれで調子に乗りやすいだけの小僧でしたが、水鳥さんとの出会いで、ギリギリのところで道を踏み外さずにやってこられたのかなと、今でも感謝しています。

日本最強の声優と「観察する力」

勝田声優学院は事務所が運営しているわけではなく、2年間で一律卒業となり、その後、残りたい人はゼミも受講できるという仕組みでした。

僕は俳協の養成所に入り直すとともに、勝田声優学院で水鳥さんのゼミを受講することになります。

その時点で両親に頼めるお金の援助は限界ラインだったのですが、勝田声優学院では野沢雅子《のざわまさこ》さん（『ドラゴンボール』の孫悟空役、『ゲゲゲの鬼太郎』の鬼太郎役などで知られる声優）もゼミ科を受けもたれていました。言わずと知れた、日本最強の声優です。

僕は野沢さんのゼミもどうしても受けたくなりました。でもお金はない。そこで、ゼミが終わって教室から出てきた野沢さんに直談判をしたのです。

「野沢さんのゼミをどうしても受けたいのですが、お金がもうありません。でも、なんとか受けさせてもらえませんか」と。

いま思うと怖いもの知らずのなせる業ですが、野沢さんは僕の身勝手な頼みを承諾してくれました。お金を払っていないから実技をやるのはダメだけど、見学だけは許してくれたのです。

この時、ずっとほかの生徒の演技を見続ける状況に置かれたことで、演劇で大切な「観察する力」が自然と身につきました。

役者はどうしても自分をどう見せるかに集中してしまいがちです。でも、それだけでは全体のバランスを損なってしまいます。

客観的に他を観察し、相対的に立ち位置をつかんでいく。

芝居全体をベストなものに近づけるためには、そのようなバランス感覚も重要なことを知ることができました。

卒業する時に野沢さんからお手製の卒業証書をいただけるのですが、わざわざ僕のぶんまで作ってくださいまして、ジーンときたのをよく覚えています。

飲み会も芝居の勉強の場

勝田声優学院のゼミ科の受講と並行して、俳協のオーディションに受かり、養成所に通い始めたのですが、そこではかなり厳しい指導を受けました。

集まった400人の生徒の中から半年かけて所属する人間を数人選ぶということでしたから、厳しくせざるを得なかったのかもしれません。養成所では、故・寺島幹夫《てらしまみきお》さん（劇団俳協の代表も務めた俳優・声優・演出家）が講師を担当してくださいました。

水島さんが小学校の先生だとしたら、寺島さんは中学・高校の先生のような感覚。

もちろん生徒に愛情はかけてくれるのですが、ダメなものは徹底して許してくれません。

講義で台本を読む時も1回嚙んだらもう終わりで、その先はやらせてもらえないのです。だからみんな必死に練習していました。

寺島さんに言われて一番印象に残っているのは、僕の未成熟な部分に対するコメントです。

今も完全に解消はされていないのですが、僕は機嫌が悪いとそれが外に出てしまうタイプなのです。何かにあたったりはしないものの誰が見てもわかるくらいに不機嫌で、黙りこくってしまうことも珍しくありませんでした。

その日も、講義での芝居がうまくできなかったことが原因でふてくされていました。

でも稽古後に恒例の、寺島さんを囲っての飲み会。これには参加したい。

みんなは寺島さんと芝居の話をして楽しんでいます。僕は講義のことを引きずって自己嫌悪に陥り、ずっと黙りこくって座っているだけ。

寺島さんが心配して、「具合が悪いのか」などと声をかけてくれました。でも僕は、「別に具合悪くないです」と答えて、また黙る。

すると業を煮やした寺島さんから、ついに「もう帰れ」と一喝。

「いろんな気持ちを抱えているのはわかるが、飲み会の席で楽しそうに振る舞えないのだったら帰れ。腹芸（自身の感情を静的に抑制すること）のできないヤツに役者は無理だ」

飲み会と芝居に深い関係があるとは思ってもみなかったので、これもセンセーショナルなひと言でした。

そして、飲み会での振る舞い方がうまい人は、芝居をやってもうまいということを学んだのです。

例えば、飲み会の最中にどれだけまわりを見て人の話を聞いているのか。「あの人、お酒なくなったな」というようなことに、すぐ気づけるのか。トイレから戻ってきた時に、すんなりその場の話に途中から加われるのか。

実際、こうしたことに長けている人は芝居もうまい。しっかり場の空気を読み、人を見ていますから。

今は時代が変わって「飲みニケーション」という言葉が死語になりつつありますが、飲み会もひとつの勉強の場であるということは、覚えておいていいかもしれません。

もちろんお酒は20歳になってからです。若い読者が多いと思いますので、念のため。

結局いい芝居とはなんなのか

寺島さんに半年間教わって、いよいよ俳協に選抜されるかと思いきや、「絞り切れないからさらに半年かけて選ぶ」という通告を受け、もう半年学ぶことになりました。400人いた生徒は僕を含めて11人に。この中から最終的に3人が選ばれることになります。

講師は寺島さんから増岡《ますおか》弘《ひろし》さん（『サザエさん』のフグ田《た》マスオ役などで知られる声優）に替わりました。寺島さんも厳しかったのですが、増岡さんに替わってからが、僕にとっては地獄でした。

まず増岡さんから言われたのは、「君の芝居は上手だけどいい芝居ではない。ハートが感じられないよ」という指摘でした。

また、「お前は這いつくばって泥水をすするようなどん底を体験していないからダメなんだ。もっと苦労しろ！」と、たびたび言われるようにもなったのです。

でも実際に這いつくばって泥水をすする体験をしてみるのも危険だし（もちろん比喩であることはわかっています）、苦労なんて少ないほうがいいはずだという思いもあって、悩むようになりました。

結局演劇とはなんなのか、いい芝居とはなんなのかと。

演劇は理屈じゃない部分もあるので、いくら「こうやるんだ」と言われても、やれないのです。自分の中で理解したり、体感できたりしない限りは。

例えば演技派と呼ばれる人たちは気持ちを入れてなりふり構わず芝居をやっているように見えるけれど、本当に我を忘れてやっているのかは、本人以外わからないはずです。

ある人は「なりふり構わずやれ」と言い、ある人は「冷静さを3割くらい保つべき」と言います。おそらくどちらも正解なのですが、役者がやっているアナログなことをデジタルな言葉に置き換えているから、含むところが広すぎてよくわからなくなる。

自分がやっていることが合っているのか間違っているのか。ある意味、判断基準がなくなってしまうのです。

芝居に気持ちを入れるには

僕は結局1年間俳協の養成所で学び、「ハートが感じられない」という課題を残しながらも、ついに事務所への所属が認められる3人に選ばれました。晴れて声優になることができたのです。

大学は入学式に出たきりで辞めましたし、当然まともな職歴もなく、退路を断って芝居に打ちこんできました。だから率直に嬉しかったのはもちろんのこと、「助かった……」という感情も同時にこみ上げてきたことを覚えています。

ちなみに「ハートが感じられない」という課題を解決するヒントを得たのは、デビューから5年後のことです。

それは僕がデビューしたのとほぼ同時期、1993年に長沢美樹さんたちと立ち上げた劇団ヘロヘロQカムパニーの、1997年の『電波ヒーロー』初演の時。

終演後に、家に帰ったら長沢さんから電話がかかってきて、唐突に「ちゃんと芝居をしてくれる?」と言われたのです。

当然、自分では芝居をしているつもりなので、「してるじゃん」と答えたのですが、ここで〝ハート問題〟を追及されました。

「いや、あんたはセリフの掛け合いが全然できていない。一緒に絡んでいるとそれがすごくわかるから、もっとちゃんと本音で、心からセリフを私に言ってほしいわけ」

でも、繰り返しになりますが、どう言われようが自分では芝居をしているつもりなのです。だから口論になり、電話で泣き叫びながら罵り合いをしました。

そして、怒りのような、殺意のような、抑えきれない感情が湧いてきたのです。

その時にフッと、もしかしたらこのまま劇場に行ったらいいのではないかと閃き、その場はなんとか収め、「また明日劇場で会おう」と電話を切りました。

そして翌日、その感情がなくならないように保ちながら劇場へ行き、そのままの状態で本番に突入してみたのです。

そうしたら、その役に合った芝居ができていたかどうかはわからないものの、「何かしら心が動いた状態」で演劇を2時間やりきることができたのです。

その感覚と疲労は、それまでに体験したことがないものでした。

これが、さんざん指摘されてきた〝ハート問題〟の、解決の糸口かもしれない。もしくは自分の目指している芝居に近いものなのかもしれない。

なぜなら何が違うのかは言語化できないけれど、今までやってきたものとは明らかに別物であると感じることができたからです。

そこから、「またあの感覚を味わいたい」という欲が芽生え始めて、さらに芝居にのめり込むようになりました。

思い込みのスイッチを見つける

さまざまな試行錯誤をした結果、僕の場合は何かスイッチを見つけると、その感覚になりやすいことがわかりました。

現実はアフレコスタジオの中ですが、自分をバーチャルな空間の中に置き、関連性の高い記憶のスイッチを入れて、架空の世界と自分の記憶を融合させるのです。

例えば敵と荒野で戦っているシーンであれば、きっとこんな風が吹いているだろうというのを、自分の過去の記憶から引っ張ってきます。そこで、友達と山へ遊びに行った時の、丘の上に吹く風が肌に当たる感覚を思い出します。すると、それがスイッチになって、グッと芝居に入っていけるようになるのです。

背中をポンと叩かれて泣くシーンであれば、背中に置かれた手にフォーカスし、その手の温もりについて想像すると、それもスイッチになります。

このように自分なりに工夫をして、少しずつ芝居を自分の目指しているものに寄せていきました。

現在も全てが自由自在というわけでは当然ないので、その時々で記憶や経験を思い返して自分のスイッチが入るところを探しています。これまで長い時間をかけてスイッチの種類を多く知ることができたという感覚です。

『Ｐｏｋémｏｎ ＧＯ』で、ずっとポケモンを探して歩いているようなもので、アンテナを張っておけばレアなスイッチも見つかる可能性があると言えばわかりやすいでしょうか。

ただしアンテナを張っておかないと、そのスイッチが目の前にあっても気づくことはありません。

僕にとっての〝ハート問題〟のように、演劇をする上で大きな課題にぶつかったら、それに囚われすぎて萎縮するのは良くないですが、ずっと意識下には置いておくこと。

そうすれば僕が5年目でやっと糸口に気づけたように、これが解答かもしれないとわかるタイミングが、いつかやってくるはずです。

話が前後しましたが、本章を通じて振り返ってきたように、何度も挫折や難題に直面しながらも、僕は一歩一歩「声優になる」という夢に向かって本気で努力するようになり、周囲のサポートを受けながら、それを叶えることができたのです。

第4章

新人声優サバイバル

初仕事で学んだこと

声優になることは過酷な道のりですが、目指す覚悟を決めた皆さんには声優になったあとのビジョンもあるべきで、それは長く声優として生き残ることが前提にあるはずです。ただし息の長い声優になれるのは、ほんのひと握り。

したがって本章では声優として生き残るための、僕なりの考えを紹介します。

「第3章」で書いた通り、僕は俳協に所属できる3人の中のひとりに選ばれ、声優になることができました。

声優というとアニメや洋画の吹き替えが頭に浮かぶと思いますが、僕は1992年のラジオCMが初仕事でした。

正確には水鳥さんの紹介で、それ以前に外国から輸入してきたアニメに出たことがあります。それが最初と言えば最初の仕事なのですが、あまりうまくいかずに怒られて終わったので、自分の中では仕事とはカウントできていません。

デビューしてからは、仕事に必要なことはとにかく現場で教わることが多かったです。

例えば初仕事の某カー用品チェーンのラジオＣＭでは、「新発売！」の語尾を下げないでほしいと現場で言われました。「新発売」と普通に言うと売れ行きが下がる感じがするから、語尾を上げて、「これから売れるぜ！」という勢いを出してほしいとのことでした。

それが全てにおいて正しいとは一概には言えないのですが、そういう細かなことも考える仕事なのだなと再認識させられました。

まだバブルの終わり頃で、スタジオ代が潤沢だったのだと思われますが、収録を長時間やることも多くて、30秒のＣＭを何本か録るために6～7時間かかるのもザラでした。

ずっとスタジオに閉じ込められて、終わるたびにヘトヘトになって、「想像以上に厳しい世界だな」と心が折れそうになったのをよく覚えています。

マネージャーとの関係性づくり

デビューした20歳前後の頃は、声優だけでは食べていけない状態でした。ただ、僕の場合は都心に実家があったので、その家庭環境に助けられた部分は少なからずあります。食う寝るに関しては困りませんでしたから。

アルバイトもしていましたが、基本的には演劇だけを精一杯やっていました。稽古に誘われたらアルバイトをサボって行くこともありましたし、まあ社会不適合者ですよね。

アルバイト生活を早く終えるためには、仕事を増やすことです。

声優の仕事は基本的にマネージャーがとってきてくれますから、彼らとの関係性づくりも大切にしなくてはいけません。

僕が俳協に入った時は、「最初はマネージャー上位だけど売れればタレント上位になるので、最初はちゃんと言うこと聞いておけ」と、かなりぶっちゃけたアドバイスもされました。


大手声優事務所に行くと、新人たちがズラリと並んで挨拶をしてくることがありますが、彼らはマネージャーに顔と名前を覚えてもらうために日参しています。

しかしマネージャーは忙しく働いていますから、なかなか相手にはしてもらえません。それでも新人は仕事のチャンスを得るために日参するのです。

マネージャーとの関係性を深くするにあたって特にルールはないのですが、とにかくアクションは起こしたほうがいいです。

ミュージシャンだったら曲を聴いてもらいたいわけなので、チャンスがなければ路上でライブをします。それでレコード会社の目に留まってデビューが決まることもあるでしょう。

イラストレーターであれば、描く仕事がもらえないから「pixiv」にイラストを投稿していたら、閲覧数が増えて出版社からオファーが来るなんてことも普通に起こっています。

絶対に成功するわけではないが、やってみたらうまくいく可能性はある。

新人なんて失うものはほとんどないですから、ゼロが1になる可能性がある行動はなんでもやったほうがいいでしょう。

待っていてもチャンスがくる保証はないのです。

新人は飢えたムードも必要

僕の場合は俳協の事務所に毎日昼時に行って、外回りから帰ってきたマネージャーをつかまえ、ごはんをご馳走になるのを日課にしていました。

そこでは常に壮大な夢を語っていました。

マネージャーに一度、「お前のいいところは、常に貧乏ゆすりをしている感じがすることだ」と言われたことがあります。

「何か面白いことはないんですか。何かやりたいんですけど!」という感じが溢れ出ていたようです。

俳協は大きな事務所だったので、毎日通って暇であることとやる気をアピールしているだけでも仕事をもらえることがありました。仕事がたくさん集まってくるので、中には急に穴が空いた仕事とか、すぐに返事をしないといけない仕事があるのです。

その時に事務所にいると、「あっ、ちょうどよかった。関くん、この日は空いてる?」という感じで仕事が即決します。先輩が急病になって行けなくなった単発の仕事に代わりに行ったこともあります。

当時の僕は、常にウェルカムというか、いつでも行けますという空気を出していたので、それも良かったのでしょう。

自分を演出できるのであれば、「あいつはいつでもスケジュールを空けてくれる」とマネージャーに思わせたほうが、急な仕事や代打の仕事が頼まれやすくなるのは間違いありません。

そして、その現場で何か良さを発揮できれば、それが「未来の指名」につながっていくわけです。

逆にアルバイトが忙しく、タイミングが悪くて断るようなことが続けば、仕事はほかに流れていってしまいます。声優でありたいからアルバイトで食いつないでいるのに、それでは本末転倒です。

皆さんの中には、「えっ、事務所に毎日通ったりするの⁉」と引いてしまった方もいるでしょうが、要は「どこに気をつかうのか」という問題です。

恋愛にたとえると、自分以外にも同じ女の子を好きなヤツがいたとして、チャンスは平等なのに、戦わずしてほかのヤツに譲っているようなものです。僕にしてみれば、そこに気をつかってしまうのは甚だ疑問ですね。

マネージャーの迷惑を顧みずにやれとは言わないですが、スレスレのところで、「でもやりたいんです。欲しいんですこれが！」と言えるかどうかの話です。

これは仕事に限らない話で、僕は特撮グッズのコレクターでもありますが、控えめにしていたら、いつまで経っても欲しいものは集まりません。「これが欲しいんだ」というアピールがきちんとできないと、もともと譲るつもりが相手にない場合は、譲り受けることができないのです。

欲しいことをきちんと伝えた上で、その対価として何を出せるのかということです。

お金なのか、もしくは向こうが欲しがっているものを手に入れてトレードするのか。遠慮がちにしていたら、押しの強いほかのコレクターに持っていかれたことも実際にあります。

このように執着する気持ちというか、諦めなさ、しつこさみたいなものを持ち合わせていないと、養成所で勝ち残れたとしても声優として生き残るのは難しいでしょう。

小さな役がレギュラーにつながる

俳協に日々通いつつ、飢えた感じを演出して仕事をもらっていると、事務所にアニメ部門が新設されることになり、僕もオーディションを受けられるようになりました。

最初に受かったのは、氷室冴子《ひむろさえこ》先生原作、スタジオジブリ制作のアニメ『海がきこえる』でした。バイトA役での出演です。

それから、アニメ『機動戦士Vガンダム』のオーディションを受けて、落ちました。

落ちたのですが、序盤にゲスト出演をさせてもらうことができ、それがきっかけとなり、中盤からはトマーシュ・マサリク役で初のレギュラー出演を獲得できました。

この『Vガンダム』のレギュラー出演が『機動武闘伝Gガンダム』での初の主演につながっていくのですが、とにかくがむしゃらに取り組みました。その必死さがディレクターの印象に残ったのかどうか、その真偽は定かではありません。

ただ、大小にかかわらず全ての仕事に本気で取り組むことは、声優として生き残る上での基本中の基本と言えるでしょう。


当時はアニメの現場に新人が少なかったので、僕だけが若いというケースがほとんど。本当に肩身が狭いというか、毎週ガチガチに緊張していた記憶があります。

別の事務所の先輩から怒られたり、忠告をいただいたりすることもよくありました。劇団出身の方が多かったこともあって、所属事務所が別々であっても同じ現場にいたら一座、という雰囲気だったのです。

今の現場では後輩への指導は事務所単位で、よほどのことがない限り、ほかの事務所の先輩が何かを言ってくることはありません。

悪さをしたら近所のおじさんが叱ってくれるような時代だったので、アフレコの現場も世相がそのまま反映されていたのかなとも思います。

言われたことでよく覚えているのは、現場でのダメ出しについて、「自分の直しより他人の直しをよく聞きなさい」というアドバイスです。

指示によって誰かの芝居が変わることになれば、自分の芝居の出方も変わります。だから共演者にどういう直しが入り、その結果どのように本番に臨んでくるのかにも注目しないといけないという意味ですね。

全てに気が抜けないし緊張感も半端なかったですが、いま思うと、いろいろと皆さんに目をかけていただいて財産になった部分も大きかったです。

オーディションの仕組み

オーディションの話が出たので、ここで声優のオーディションがどのような仕組みなのか解説しましょう。

オーディションは基本的に一般公募はありません。各声優が所属している事務所に直接お知らせがくるので、事務所に入っていないとオーディションを受ける機会は極端に少なくなってしまいます。

ですから名前の売れていない人が、事務所に所属せずにフリーでアニメの声優として活動するのは極めて難しいと言えるでしょう。

所属人数が多い事務所だと、まず事務所内でオーディションを受ける声優を選抜する予備オーディションをやることもあります。

オーディションにはさまざまな種類があって、誰でもどうぞというものもあれば、この人にこの役で受けてほしいという指名オーディションもあります。

人数制限がある場合もありますし、とにかく主催者側のやりたいかたちで募集がかかります。

声優がよく「最初は違う役でオーディションを受けたんですけど……」というようなことを言いますが、そんなケースも当たり前にあります。

僕で言えば、『新世紀エヴァンゲリオン』では主人公・碇《いかり》シンジ役でオーディションを受けましたが、それには落選して鈴原《すずはら》トウジ役に選ばれています。

最近は、いきなりスタジオに呼ばれるのではなく、まずはテープ審査（以前はカセットテープに録音していたため慣例として今でもこう呼ばれている）というパターンが増えてきました。

課題の原稿が送られてきて、それを読んで録音し提出。お会いする前に先方に聴いていただくのです。お眼鏡にかなえば今度は対面で、スタジオでのオーディションとなります。

新人がオーディションに受かるコツ

オーディションに受かるコツは、皆さんが気になるところだと思います。

技術的な話をすると、僕の場合は受かりたいという気持ちを強くもっている作品ほど役のイメージに寄り添おうと力みすぎてしまい、うまくいかないことが多かったです。

ほかにも型にはまった役づくりをしすぎると、他の候補者と似たり寄ったりなキャラクターになってしまい、結果として誰がやっても一緒というような印象の芝居になってしまう危険性もあります。

だから役のイメージを踏まえているのは大前提ですが、受かるも受からぬも運次第くらいの気持ちで、あまり自分の演技を曲げずにリラックスして受けたほうが圧倒的に合格率は高かったです。

ストライクゾーンに入ってさえいれば、ど真ん中じゃなくても気にしない感覚ですね。

ただし役のイメージからかけ離れすぎると、奇をてらわずに普通にやってくれと言われることもあるので、そこはご用心を。

技術的な話の一方で、決して僻《ひが》んでいるわけではありませんが、結局オーディションは、いま旬な人が受かりやすいという側面もあります。使う側にとっては視聴者数が見込めるアドバンテージになり安心だからです。

作品に合っている、合っていないというだけで厳選するのであれば、大番狂わせで新人に主演の白羽の矢が立つこともあるでしょう。もちろん、そういう作品もありますが、実際にはそうじゃないものが多いということです。

合格率は、今の僕で10％くらいです。

昔、先輩の鈴置洋孝《すずおきひろたか》さん（『機動戦士ガンダム』のブライト・ノア役などで知られる声優）が20本に１本受かればいいとどこかに書かれていましたが、新人だと１００本受けて１本も決まらないことも普通にあるようですから、それに比べれば確率は高いですよね。

なぜそこまで差が出るのかというと、やはりたくさん仕事をしている人は、絶え間なく本番を経験しているという強みがあるからです。

「第２章」で稽古をいかに本番と思えるかが大事と書きましたが、その観点からも毎日本番を経験している方々は日を追うごとに場馴れして、さらに日々うまくなっているのです。

結果として彼らの合格アベレージはますます高くなりますし、新人がオーディションに参加しても明らかに聴き劣りしてしまうことになります。

では、それに対抗していくにはどうすべきなのか。

やはり新人の魅力は新鮮さ（初々しさ）と初期衝動です。それをいかにきちんと出せるかでしょう。

新鮮さのなんとも言えない魅力に関しては、人類の歴史を思い浮かべてもわかりますよね。そこに魅力がなければ不倫や浮気なんて起こらないですから。

野菜にたとえると、新鮮できれいなかたちをしていて安価なら、多少まずくてもコンスタントにスーパーで売れるはずです。無農薬で不揃いの野菜のほうがおいしかったとしても、分がある戦いに持ち込めます。少なくとも、より新鮮な野菜が入ってくるまでの1年間は。

新鮮じゃなくなった時は、逆に無農薬野菜のような指名で選ばれる個性を伸ばしていくことになりますが、新人は新鮮さや素直さを前面に出していったほうがスタッフに気に入られて使ってもらえる確率は高まります。

初期衝動に関しては、何かが始まる時に現れる特有のパワー。あれが大きな力を生みます。

バンドや劇団の結成時であれば、「みんなで旗上げようぜ！」とパワフルだし、ソロ歌手やピン芸人だって、デビューが決まったら「やってやるぞ！」と勢いに満ちています。

このように、溜めに溜めた力が一気に噴き出すデビュー直後。このタイミングに大きな力が発揮されることは想像に難くないと思います。これも新人が旬の声優を確実に上回れる数少ない要素です。

ただ早い時期にうまくいかないと、最初のパワーを超えて勢いを出すことは難しいのでジリ貧になりかねません。

より具体的には、事務所に所属して1～2年の間に、新鮮さと初期衝動を維持しつつどれくらいの勢いで仕事ができて、どれくらいオーディションに受かれるかが分かれ目です。

そして、その結果いかんで5年くらい先までの仕事の量や質が見えてくると言っても過言ではありません。

新鮮さを保つには

最近は初期衝動が弱い新人もたくさんいるので、なかなか1～2年目でオーディションに受かれないというのも現実なようです。

これは「第2章」で書いたように、声優になるための道筋が整えられすぎてしまってハングリー精神が育ちにくいことにも原因があるでしょう。

だから事務所に所属した時点で燃え尽き症候群になる新人も少なくありません。受験戦争は勝ち抜いたけれど、合格で気が抜けて大学で遊び始める人が多いようなものです。

気持ちの強さは本人が生み出していくしかありません。

オーディションに受からなくても、なんとかディレクターに気に入ってもらってチョイ役でももらえるように頑張るとか、ただでは負けない気迫が必要です。

僕自身、オーディションには落ちたものの出てきてすぐに死ぬようなチョイ役、いわゆる「番レギ」として毎週呼んでもらえるようになったこともあります。そういうところから徐々に仕事が広がっていきました。

また、新鮮さを保つコツとしては、オーディションに落ち続けたとしても決して腐らないことです。

腐っている新人は、たいてい自分がうまくいかないことを他人のせいにし始めます。

マネージャーが良くないとか、あの子はかわいいからひいきされているとか、愚痴を言うようになり、だんだんと悪い顔になってきます。

でも極論を言えば、ひいきされている人が集まって声優をやっているのですから、そこに文句を言っても仕方がありません。

徹底的に腐ってあくどくなれば、それはそれで個性的な人物になる可能性はありますが、自分がひいきされる方法を考えたほうが、よほど有意義でしょう。

甘い世界ではないですが、新人の間は新鮮さと初期衝動が武器になるのは間違いないです。それを保つ努力をすることが、まずは新人声優として生き残るのに役立つでしょう。

20回録り直しになった理由

僕自身の話に戻ります。

『機動戦士Vガンダム』のレギュラー出演をきっかけに、僕は『機動武闘伝Gガンダム』で主役のドモン・カッシュを演じることになりました。

デビューから2年後のことですから、いま振り返ると我ながら順調なキャリアです。

一方で、母親から初めて「声優を辞めなさい」と言われたのもこの時期です。「有名な作品に名前も出たのだから、もう満足でしょう。いい加減、ちゃんと就職して仕事をしなさい」と。

もちろん辞めませんでしたが、声優の収入だけでひとり暮らしができるくらいに稼げるようになったのはこの2年後くらいですから、母親の心配も理解できます。

声優志望者が声優になれる確率が1％だとしたら、声優になれた人が長く食べていける確率は5％くらい。職業として考えると、かなり厳しい環境というのは否定できません。

さて、新人にとっての現場は、実戦向きのスキルを教わって吸収するチャンスであるというのは先述の通りです。

『Gガンダム』のディレクターも厳しい方で、粘り強く芝居を見てくださいました。

そのディレクターは自分の頭で考えさせてくれる方でした。「違う、もう1回」と言われるだけで、何が違うのかをすぐには教えてくれません。何が違うのかわからないから自分で考えた上でやってみて、うまくいく時もあれば、ダメな時もありました。

一番ひどかった時はテイク20くらいまで録り直しになったことがあります。それは、戦いの最中、ジャンプから着地するシーンでした。着地した衝撃度を表すために、アドリブで「フッ」と短く息を吐くのですが、それが「違う」と言われ続け、20回やっても何が違うのかが当時の僕にはわかりませんでした。

見かねたディレクターが、ようやく答えを教えてくれました。

「今はどんな状況だ」

「戦っています」

「決着はついているのか」

「ついていません」

「敵はどこにいる」

「後ろにいます」

「じゃあ着地したあと、どうする？」

「敵を見ます」

「その演技がないよね」

つまり、着地のアドリブが落ち着きすぎていたのです。

敵に背後を取られて攻撃されるかもしれないのですから、それを表現するために「ンッ」と、危機的に振り向く感じの芝居をしなくてはいけません。ところが僕は勝負が終わったかのような芝居をしてしまっていた。そこが違ったのです。

「第2章」でも少し触れましたが、人間の全ての行動には必ず意味があります。

例えば目的もなく歩くという行為でも、その裏には忘れたいことがあるとか、寂しさを紛らわすためとか、何がしかの理由があるものです。

アニメは絵の中の出来事に声を吹き込むので、舞台や実写だったら当然やるようなことをしないで済みます。場所は空調の整ったスタジオですし、衣装も着ませんし、マイクとの距離感も一定です。だからこそ、想像でそれらを補わなければなりません。実体験がない中で、バーチャル・リアリティに入り込まなくてはならないのですが、そこが足りていなかったことを学びました。

これはデビュー当時から自分なりにこだわっていたアドリブの演技を、さらに深めることになった一件です。

アイドル活動で得るものと失うもの

僕だけでなく、実績を積んできた声優の歴史を語る上で、やはり作品との出会いという運の要素は無視できません。

僕の場合は『Gガンダム』に知名度を上げてもらい、その後はコンスタントに仕事をいただけるようになりました。

そして1997年、子安武人《こやすたけひと》さん（『ジョジョの奇妙な冒険 スターダストクルセイダース』のDIO役などで知られる声優）の立ち上げた声優ユニット・ヴァイスに参加することになります。

名前が売れたという意味では、ヴァイスも大きかったですね。

今の声優の活動ではおなじみになったアイドルユニットですが、ヴァイスはその先駆け的なもので、子安さん原案のアニメ『Weiß《ヴァイス》 kreuz《クロイツ》』とリンクしたライブ活動を行ったり、グラビア撮影をしたり、派手に展開がなされました。

子安さんのプロデュース力もあり、アニメファンに一気に名前を知ってもらえて、仕事も格段に増えたのです。

その反面、あいつは仕事ができないと思われることもありました。「アイドル風情が」という目で見られるのです。

これについては活動を始める前に、俳協のマネージャーにも忠告されました。「やるのはいいけど、たぶん甘く見られるようにもなるよ」と。

　実際ヴァイスが活動休止したあと、僕の舞台を観た関係者から、「なんだ、ちゃんと演劇もできるんだね」と言われたこともあります。

　アイドル的な活動は得るものと失うものが同居していると思いますが、僕にとっては大きな転機でした。


「仕事の幅を広げるためにマルチな活動をしたほうがいいのでしょうか」というのもよく訊かれることのひとつですが、僕はちょうど声優がタレント化し始めた頃にこの業界に入ったので、あまり抵抗感はありませんでした。

　声優だけをやったほうがいいという気持ちはないし、やりたくないなら無理してやることもないと考えています。

　僕自身は声優をメインでやっていたらユニット活動ができるチャンスをたまたまもらっただけです。もちろん一生懸命やりましたが、戦略性があったわけではないので有効なアドバイスはもっていません。

ただ、子安さんのプロデュース力は優れていて、「お前は自分がやりたいことをやっているだけで、それが売れるものとは限らない。ちゃんと買ってくださる相手の目線に立ってやったほうがいい」とアドバイスされたことがあります。

子安さんはまさに、徹底的にそれをやってヴァイスを成功させていました。

確かに僕の場合は自分の好きなものになればなるほど入口が狭くなるので、自分にとっては大変面白いことをやっているのですが、そこが多くの人には伝わりませんでした。

アイドル活動に限らず、戦略的にマルチな活動を考えている方には、この子安さんのアドバイスが参考になるかもしれません。

別分野にも命がけの人がいる

時系列が前後しますが、マルチな活動としては、僕はデビューとほぼ同時期に劇団ヘロヘロQカムパニーを立ち上げました。声優業と並行して舞台を「やりたいからやる」という、やはりそういうスタンスでした。だから劇団をつくって劇場まで確保したものの、メンバーの誰一人、実際に自主公演をやったことがないという、まさに初期衝動だけの船出でした。

そこで、小野《おの》真一《しんいち》さん（小野プロデュース主宰。役者・脚本家・演出家）という、元は三宅裕司《みやけゆうじ》さんの劇団であるスーパー・エキセントリック・シアターにいた方で、ちょうどその頃にフリーとして活動し始めた8つ上の先輩に頭を下げて、脚本と演出を担当していただきました。

小野さんは憎まれ役になってくださって、反骨精神を呼び覚ましてくれると同時に、軽い気持ちで別分野のことをやってはいけないということを教えてくれました。声優には声優のコミュニティがあるし、小劇場には小劇場のルールやコミュニティがあります。同じ役者なわけで、お互いに差別はないのですが、どこをホームにしてやっているのかには、みんな誇りがあるのです。

昨今テレビのタレントさんが声優をやることが増えていますが、同じことが言えて、僕には声優が声優だけをやったほうがいいという考えはないので、タレントがタレント業だけをやるべきという考えもありません。

ですが、お互いのホームを尊重した上で、いい作品にするために精一杯演じてもらいたい気持ちは当然ながらあります。それは僕にも声優としての誇りがあるからです。

話が少し逸れましたが、最初に小野さんに言われたのは、「声優だかなんだか知らないけど、適当な気持ちで小劇場をやるんじゃねえよ」ということ。

僕らは声優になる過程で演劇を勉強してきましたが、小劇場で活動する役者たちは、舞台でお客さんの目にさらされて、言わばまな板の鯉として、常に実戦を繰り返しています。

僕らのようにマスコミでの露出がない中、自分たちでチケットをさばきながら地道に頑張ってやっている方たちなので、ハングリー精神も相当なものです。

「苦労してやっている子たちが頑張っているところに、ちょっとしたマスコミでネームバリューをもったヤツらが、ちゃらちゃらっとお稽古して本番をやってさ。もしそれをアニメで君たちを知ったお客さんが観に来て、演劇ってつまらないなとか思われたら、これから小劇場のお客さんになってくれたかもしれない人たちの芽を摘むことになる。それは商売の邪魔だから、やってもいいけどやるなら面白いものをやってくれ」

こっちはこっちで命がけでやっている人がいるのだから、お前らも命がけでやってくれよということです。

声優として人気があれば、クオリティがいまひとつでもファンが来てくれるという現実はありますが、それは甘えですし、誰に対しても失礼な話です。一同、気が引き締まりました。

ちなみに小野さんから初めて褒められたのは、出会ってから10年後になります。それまでは本当にさまざまなことで叱られ続けました。

調子に乗りすぎたら反省すること

ヴァイスで一気に知名度が上がったこともあり、そんなつもりはなかったのですが、身内から調子に乗っていると指摘されたこともありました。

調子に乗っている声優で典型的なのが、作品にケチをつけ始めるパターン。でも、そういう時に叱ってくれるのは、親とか仲のいい友達くらいなのです。

実家で仕事の話をしていると、父親から「そんなことはない。お前の考え方は調子に乗っている」とたびたび言われました。

あとから考えると大して問題のないことなのに、そこにこだわって改善したほうがいいとケチをつけていたので、調子に乗っているというよりも度量が狭かったのかもしれません。

でも、調子に乗るというのは悪いことばかりではなくて、勢いがつき、リズムに乗れます。「えーい、やっちゃえ！」というような思い切った行動ができるなど、プラス面の効果があることも否定できません。控えめすぎたら何もできないわけですから。

だから、何においても少し調子に乗っているくらいがちょうどいいのかなとも思っています。

ただし大事なポイントは、誰かに改善点を指摘された時、その場では素直に受け入れられなくても、あとからきちんと自省して聞き入れることができるかどうか。

調子に乗っている時には難しいことですが、このバランス感覚は非常に大事です。

調子に乗り、反省する。

これを繰り返すことで新しい自分に出会えることもあるのです。

事務所を移籍した顚末

そして、デビューから8年後の2000年。僕は新事務所アトミックモンキーに移籍することになります。

アトミックモンキーの社長は、俳協で僕と関わりの深かったマネージャーでした。もともと独立志向があって、本当に新事務所を立ち上げてしまったのです。

移籍をする人は、たいてい不満やトラブルが原因かと思うのですが、僕は正直、俳協に大変お世話になりましたし、なんの不満もありませんでした。

ただ、200名くらいが所属している大手事務所だったので、このまま活動をしていくと、彼らの中の誰かを追って、似たようなキャリアになるのかなという予感がありました。

新しい事務所に行けば、まだ誰も歩んだことがない、別の次元のキャリアが築けるのではないかと思ったのが移籍の決め手です。

そのような流れで社長が事務所を立ち上げたあと、しばらくしてアトミックモンキーに移籍しました。

仕事面に関しては、マネージャーが担当制になったのが大きな変化のひとつでした。

当時、俳協を含めてほとんどの事務所では、ナレーションの時はAマネージャー、アニメの時はBマネージャーと、クライアントごとにマネージャーが分かれていました。担当制では、このタレントにはこのマネージャーというかたちで、仕事単位ではなく人単位で固定されます。

だから相談もしやすいですし、マネージャーの側もタレントの抱えている事情を理解した上で仕事を取ってきてくれます。

この担当制は、今でもほかの事務所の声優から羨ましがられることが多いです。「うちでは相談とか誰にしたらいいかもわからないからなあ」とよく言われますね。

僕が移籍した時はタレントが3人くらいで、事務所はおそろしく狭いマンションの一室からのスタートでしたが、アニメ市場の拡大もあり、僕も会社も少しずつ仕事を広げていって現在に至ります。

カツサンドに学ぶサバイバル術

自分のこれまでの歩みとともに、僕なりの声優として生き残るためのポイントを紹介してきましたが、そのヒントは世の中にも溢れています。

僕は幸い25年間生き残ることができましたが、なぜ多くの新人声優が埋もれていくのかと言ったら、代替可能だからそうなっていくというだけなのです。

ここでしか買えない魅力的なものになることができれば長く愛されるし、買い手が殺到することになります。

先日テレビを観ていたら、たまたま10年待ち（10か月ではなく10年です）のカツサンドが紹介されていました。

希少な肉を使ってこだわり抜いた結果、５０００円を超える価格なのに予約が殺到しているそうですが、長く生き残るには、そんな存在を目指していくしかないでしょう。

本章のオーディションのくだりで書いた通り、声優は役のイメージに囚われすぎると、みんな似たような芝居になってしまいがちです。

俳優であれば自分の外見がさらされるので、そこを加味した上で芝居の個性を出すことができますが、姿をさらさずに声だけで表現する声優もまた、個性を打ち出す試行錯誤をすべきだと僕は考えています。カツサンドの「売り」をつくるようなこだわりですね。

それをやらないと自分の芝居が確立されませんし、無個性な声優として使い捨てにされてしまう可能性が高くなります。なにせ次の年には、また200人の新人が入ってくるのですから。

養成所で勝ち残って、やっと戦いが終わったと思ったら仕事を獲得するためのオーディションが始まって、それに受かって初仕事になったとしてもコンスタントに受かれるのかというプレッシャーが続きます。

さらに10年くらい経つと、同世代の活躍している声優同士で、またふるいにかけられます。

絶え間なく戦いが続き、常に油断ができないのが声優という仕事なのです。

だから安易にはすすめられないですし、本書でも声優を志望する皆さんが考え直すに足る、偽りのない事実を書いてきました。

しかし、それを踏まえた上で、己の全身全霊を賭けて勝負すると言うのであれば、僕にはそれを止めることはできないのです。

あなたが主役の、あなたの人生ですから。

第5章　声優に死す

楽しさと苦しさが同居していた

僕が声優を25年やってきて率直に思うのは、ここ数年でやっと力を抜いて楽しんでやれるようになったということです。

もちろん、ずっと楽しかったのですが、それまでは苦しさが伴う部分もあったのです。

役柄の気持ちを大事に演じようと心から強く命令を出して、一生懸命そこに向かっているつもりでしたが、そもそもそれが純粋に「演じる」ということとかけ離れていたのかもしれません。

そしてもうひとつ、僕は自分の存在意義を立たせるために、まわりを認めないところもあったのです。

文章にするとトゲトゲしくなりますが、誰にも負けたくないという気持ちが強くて、「まだ俺のほうが頑張っているちゃんと気持ちを演じられている」というような自己暗示をかけながら、現場の最前線に立ち続けていました。

ただ、自分が年を重ねて、影響力もバイタリティもある旬の後輩たちと出会うようになると、そう言ってもいられなくなりました。勢いがあって自信にも満ちている彼らからは、若さからくるものもあるのでしょうが、「気」がにじみ出ているのです。

時代劇で言うと、すれ違った時に「こいつ、できる」とわかるような感じですね。時勢に乗っていて、今いろんなことをやっているし、やれているのも雰囲気でわかります。

演劇のレベルがどうこうというよりは、現場に来て声を発するまでの間に、「今、まさに旬」なことが伝わってくるのです。

ちなみに、これまでさまざまな後輩たちを見てきましたが、宮野《みやの》真守《まもる》くん（『機動戦士ガンダム00』の刹那《せつな》・F・セイエイ役などで知られる声優）、小野《おの》賢章《けんしょう》くん（『黒《くろ》子《こ》のバスケ』の黒子テツヤ役などで知られる俳優・声優）にもっとも「気」を感じましたね。

まばゆいばかりの新鮮さと、溢れんばかりの初期衝動。そして自信。デビュー当時の彼らの「気」は驚異的でした。

世代交代は避けられない

最前線での勢いという点で、「旬の後輩たちとずっと対抗しようとするのは無理があるし、それをやり続けても疲弊するな」と、30代後半から強く思うようになりました。僕に限らず世代交代は必ず起こるものですから。

現実として、デビューから中堅の入口くらいまでの間に突っ走ったスピードを、ずっと維持することはできませんでした。

その代わり40代になってスピード勝負から降りざるを得なくなると、いい意味で自分の仕事を一歩引いて見られるようになったのです。

すると素直に後輩たちのいい部分を、きちんと認められるようになりました。そして気持ちにゆとりが生まれたためか、芝居にもゆとりが出たように思います。

たとえるなら、以前は刀を構えて相手がかかってきづらい感じにしていたのですが、今は初手を相手に打たせてから切り返すようなイメージです。まわりを認めているので、あまり堅牢な武装をしていく必要もありません。

ここから先は、今と変わらず自分に場が与えられるのであれば、以前よりもリラックスして役と向き合って、これまでと違った表現を楽しんでいけるのではないかと自分に期待しています。

リバイバルで昔やった役をまた演じる機会があると、特にそれを強く感じます。当時の力みが抜けて、今は楽にやれている実感があります。

ささやかと言えばささやかな心境の変化ですが、僕にとってはセンセーショナルな変化なのです。

声優が劇団をやる意味

「第3章」や「第4章」でも書きましたが、僕はデビューとほぼ同時期に劇団を立ち上げたので、声優と並行して舞台も約25年やってきたことになります。

声優が劇団をやるメリットについては、ほかの機会にも後付けの理由をいろいろと言ってきました。ただ、本当に根本的な理由を言うのであれば、うちの劇団の場合は、やりたかったから、楽しいからやっているだけなのです。

こういう世界観のこういう役をやりたいという気持ちがあっても、そんなに都合よくお呼びはかかりません。仕事やどこかの劇団でそれが実現しないなら自分たちで劇団をつくって、「やりたい役を書いてやっちゃおうぜ！」というノリが、そもそもの始まりでした。

普通の劇団は、演出家とか座付きの作家がまずいて、それに傾倒したメンバーが集まって構成されていくものです。声優がやっているほかの劇団の多くもそうですね。

うちは彼らとは毛色が違って、役者たちが集まって演劇をする場をつくったのが成り立ちです。役者たちが自分のやりたいものをプロデュースしていきますから、作家も毎回変わります。

楽しいからやっているだけの劇団ですが、振り返ってみると、結果的にそこで得たもので仕事がうまくいっている部分は大きいです。

例えば声優の仕事は瞬発力勝負なところがあり、急に無茶振りをされるなどして、準備していない芝居でも、即座にできて当たり前という感じで求められることがあります。

それはそれでスキルが鍛えられる部分はありますが、普段そのように瞬発力を酷使している声優にとっては、ひとつの台本で長時間、ああでもないこうでもないと研鑽《けんさん》できる舞台は、また別の技術や精神を得られる場なのです。

同じ芝居のことですから、そこで得たものはもちろん声優の仕事に還元できますし、声優として生き残る技量にもつながります。

実際に「ハートが感じられない」という課題に対し、舞台から解決のヒントを得たのは「第3章」で書いた通りです。

一方、声優の仕事で得たネームバリューは、舞台の観客動員に生きてきます。結果論ですが相乗効果が高いのは間違いないでしょう。

劇団の立ち上げは演劇漬けの人生を送ることになる一因になりましたが、生でお客さんの反応が見られる貴重な機会でもあり、これからも舞台は本気、かつ楽しみながら続けていきたいです。

作品はお客さんの反応で完成する

生の反応が貴重ということにも大きく関係してきますが、僕が声優や劇団をやっていて一番嬉しい瞬間は、お客さんに、自分の芝居から何かを感じた、もしくは何がしか人生の足しになったと言っていただけた時です。

特に声優の仕事はお客さんが目の前にいない状態で収録をしているので、あの芝居はベストだったのだろうかと、迷ったり反省したりすることも少なくありません。芝居はみんなで共同作業をしますが、個が寄り集まって作品をつくっているとも言えるので、ひとりになった瞬間に寂しさや不安にさいなまれがちなのです。

1995〜1996年頃、アニメ『ふしぎ遊戯』に井宿《ちちり》役で出演していた際、芝居に悩みながら取り組んでいて、劣等感でいっぱいになったことがあります。すると一通のファンレターが届きました。ずっと登校拒否だったという子からの手紙で、そこには僕の『ふしぎ遊戯』での芝居に元気をもらって学校に行く気になり、今はちゃんと通えるようになったと書かれていました。

それを読んで僕もすごく励まされました。そして気づいたのが、やった芝居に対しては、もちろん自分でのジャッジメントもあるけれど、結局その価値を決めるのはお客さんだということです。

だからイベントでお客さんから直接感想を言ってもらえたり、お手紙をもらったりすると報われた気持ちになります。お客さんに反応をもらって初めて作品が完成すると言ってもいいかもしれません。

母国語も価値観も文化も異なる海外のお客さん、つまり普通に考えれば芝居が伝わりづらいお客さんから「励まされた」「力をもらった」と言われることもあり、そんな時は声優冥利につきます。

昔、劇団を立ち上げた時にお世話になった、前出の小野真一さんから、「俺たちは本当に恵まれている」と言われたことがありました。

「世の中には、必要不可欠な仕事をしているのに、『ありがとう』と言われる機会がない人たちがたくさんいる。でも俺たちは自分たちが好きなことをやって『ありがとう』と言ってもらえて、拍手をもらえるチャンスさえある。だから死ぬ気でやらないといけないよね」と。

これからも恵まれた職業であることを忘れずに、活動を続けていきたいです。

〝ゲス声優〟と呼ばれて

声優として活動をしていく過程で、次第に僕のパブリックイメージが固まってきたのですが、それが〝ゲス声優〟というものでした。

そもそものきっかけはラジオ出演で、番組をもっと面白くすることに前向きに取り組む中で、少し過激な発言をしてみたのです。具体的には下ネタですね。

若い方はピンとこないかもしれませんが、ひと昔前のラジオは今では考えられないような過激な発言が多く、僕らの世代はそれを聴いて育ってきたので、ラジオで下ネタをやるというのは、わりと自然な流れではあるのです。

声優が下ネタをやるのは、ちょっとした冒険でもありますが、リスナーに受け入れられた感触があったので自分でも思いっきり楽しんでみたところ（決して嫌いではないので）、ゲスキャラがしっかり固まってしまったという……。ですからキャラ付けのために、戦略的に率先してゲスになったわけではありません。

ゲスキャラのメリットはトークでそれを活用して面白い方向にもっていきやすい点と、番組でちょっと言いすぎても、「ああ、関くんだからしょうがないね」で許される点くらいでしょうか。プライベートでは全くメリットはないです。

声優という職業を職人的に考えると、必要以上のキャラクター性は邪魔になることのほうが多いかもしれません。演者のイメージが固定されていなければ、視聴者の方に余計な情報を与えることなく作中のキャラクターをお届けしやすいですから。とはいえ、トレンドとしてタレント性も両立して求められることは多く、特徴があったほうが使われる確率は上がると感じる部分もあります。総合的には、キャラはあったほうがいいというのが僕の考えです。

注意しなければいけないのは、ゲスキャラはさておき、自分をキャラ付けするのは簡単ではないということです。

キャラ付けは本来、何かに精通して専門家になることを意味しています。

例えばバラエティ番組を見ても、食や本に詳しいことを売りにしている芸人は、普段から相当研究していることが窺い知れます。

キャラはあったほうがいいけれど多くの時間や知識を必要とするので、生半可な気持ちでは無理ということも肝に銘じておくべきでしょう。

同時に、キャラは自分以外の人と「あの人はこういうキャラ」という暗黙の共通認識があってこそ成立するものです。決して無理強いするものではなく、どの程度自分のキャラが浸透しているかを推し量りながら出していきましょう。そこを見誤ると浮いた存在になってしまいます。

いい声とはなんなのか

僕はこの声で25年間戦ってきましたが、業界の中で見れば、僕の地声はなんの変哲もないものです。声が通りやすいくらいのことは言われたことがありますが、その程度です。

変わった声の声優や、低音が魅力の声優は、普段の生活の中でもよく「いい声ですね」と声をかけられます。僕もそれを目の当たりにしてきましたが、自分自身は1回も言われたことがないです。

正確には、声がガラガラの絶不調で、「ボヘミアン」の葛城《かつらぎ》ユキさん（特殊なハスキーボイスで知られる歌手）のようになっている時に、1回だけタクシーの運転手さんから「渋い声をしているね」と褒められたことはありますが……。

要するに、絶不調の時にようやく言及されるくらいの平凡さなのです。

何が言いたいのかというと、もし声質に特徴がないと悩んでいる方がいたら、それで声優を目指すことを諦めたり、自信をなくしたりする必要は全くないということです。

大事なのは、声質ではなく口調です。

実生活の中でも、顔が良くて生き方もかっこいいのに、音声的にちょっと変な声の人はいますよね。

でも、彼らは自分に自信があるからそれが口調にも反映されて、総じてかっこよく見えたり聞こえたりするわけです。

逆に、アニメの主人公をやりそうな雰囲気の高い声をしている男性でも、口調や話し方がなっていなければ、全くかっこよくなんか聞こえません。

声がいいとよく言われるからといって声優に向いている、一歩近づいたと思うのは大間違いとも言えます。

それよりも、なんでこいつはかっこいいのか。何をもってこいつは主人公として選ばれているのか。表面的な部分を羨ましがって真似するのではなく、本質的なところに興味をもったほうがいいでしょう。

別な言い方をすれば、いい声は精神的な部分で補える要素が多いということです。例えば二枚目でもてはやされている人物は、それなりに自信があるから蚊の鳴くような声ではしゃべりません。

悪として君臨している人物であれば、まわりを抑圧しているような口調になるでしょう。思考で巧みに相手を操るような人物はしゃべり方もきっと巧みなはずです。それを相手に届くように演じるのです。

役が内包しているものをきちんと口調として芝居に乗せることができれば、声質に特徴がなくても十分だし、幸運にも声質が良ければより良くなります。あまり特徴のない地声だったとしても口調に注意を払うことで、うまく表現することができるのです。

実際に、僕がやってきた役の音声だけを取り出して聴き比べれば、「同じ声じゃん」というものも多いはずです。

例を挙げると、『のだめカンタービレ』の千秋真一《ちあきしんいち》と、『フルメタル・パニック!』の相良宗介《さがらそうすけ》は、声の雰囲気でいったらあまり変わりがありません。

何が違うのかといったら、口調、話し方が違うのです。

その人としてそこにいること

いい機会なので、僕がやっている役づくりのプロセスを紹介します。

役が決まったら、まずは台本を最初から最後まで読んで、構成をおおまかに把握します。

次に物語の構造を自分なりに把握した上で、その話が最大限に面白くなるためには自分の役がどのように立ち回ればいいかを考えていきます。

役をやるにあたって知識や技能が必要であれば、限られた時間の中で練習や勉強をします。

軍人の相良宗介だったら軍隊用語を言い慣れた雰囲気が出るように練習しますし、『昭和元禄落語心中』の与太郎であれば、もちろん落語を勉強します。

声色については特に考えたことはありません。スネ夫のように大人の声がそぐわない場合などにはやむを得ず声をつくりますが、僕の中では役づくりとは切り離しています。

以上が下準備で、それから先述の口調や話し方を考えます。千秋真一だったら、エリートとして育ってモテるから主張をはっきりしゃべる。また、神経質なところがあるから距離感を保つために相手を突き放すようにしゃべる必要もある。人の意見をあまり聞かない性格なので、言い返す時は高圧的に。このように芝居の方向性を決めていくのです。

そして、口調や話し方を踏まえた上で、感覚としては「その人としてそこにいること」を目指します。

憑依とか超能力的なことでは全くないのですが、千秋で言えば、「僕は音楽をやっている千秋真一なのだ」という気持ちで、スタジオにいるようにするのです。

演劇をやっていると、最初に役の履歴書をつくりなさいと言われることがあって、実際に僕もやったことがあります。

でも、それが直接的に芝居の善し悪しに関わってくるのかと問われると、僕はピンときませんでした。

だから何をもって役づくりと呼ぶのかは、実はいまだによくわからない部分もあります。その上で、役づくりをひと言で表すと、「その人としてそこにいること」だと僕は認識しているのです。

なんとなく伝わったでしょうか。

「その人としてそこにいること」は、初歩にして奥義という感覚ですね。これ、非常に難しいです。

養成所で教えてきた10年

手探りで始めた養成所も、早いもので設立して10年が経ちました。

それ以前にも劇団で芝居をつくる中で、後輩にコミュニケーションの一環として演劇を教えることはありました。

ただ、声優を目指す素人の生徒たちに演劇を教えるようになったのは、うちの養成所をつくって講師を務めてからです。だから講師歴も同じく10年ということになります。

僕がまだ若くイキっていた時代から始めているので、特に初期の頃は滅茶苦茶《めちゃくちゃ》な感じだったと思います。「生半可なヤツは認めないから、すぐに立ち去れ」というような気持ちが強かったので。

最近は一見そう思える生徒にも、きちんと接しようと努力しています。ただ、講師としての僕の、今と初期のどちらが生徒にとっていいのかは、自分でははっきりとわかりません。

今は良く言えば、相手を見ながら根気よく接していけるようになりました。悪い言い方をすれば、ぬるく教えている、接している、というようなところがあるかもしれません。

初期の頃は容赦なく短気にやっていて、厳しくはっきり言うぶん、逆に優しかったのかなと思うところもあるのです。

この10年を振り返ると、生徒たちの雰囲気が変わったような印象は受けます。例えば世間で言われているように、根性がなくなってきているのかなと感じることもあります。

ただ、改めて本当に変わったのだろうかと考えると、自信はありません。「若者は変わった」という世の中的な評価の色眼鏡を通して見ているため、自分の目の前にいる生徒も変わったのだと思い込んでいる部分が少なからずあるからです。

だからこそ、あまり世間の見方に左右されずに、養成所の生徒たちだけを見て判断しないといけないと思っているので、学びの題材は同じものを使ったとしても生徒たちとの接し方は毎年模索して変えています。厳しく接したほうが良さそうなメンバーが多いとか、いいところを伸ばしていくのに適したメンバーが多いとか、未熟ながらも考えて指導しています。

そして、最終的に行き着くのは「教えるのは難しい」ということ。

極論を言えば、演劇を教えることは誰にもできないのかもしれません。

課題を解決するためのヒントに、生徒が自ら気づけるように導くことはできますが、実際に気づけるかは、本人がどこを見据えて演劇をやっているかにかかってきます。

気づくことができれば、本当に上達は早いのです。でも自分で気づけないうちは僕らが指導して対症療法的に芝居の修正をしたとしても、すぐに元に戻ってしまうのです。

僕自身もそうだったように、演劇の課題を根治させられるかは、本人が気づくかどうかによります。

だから自分自身で目指したい方向性を考えて、それを実現するために、自発的に養成所を活用してほしいのです。

自分に必要なところを自覚して、そこを教わりに行くような感覚です。

そもそも教えるのに長けた人がいるだけで確実に声優が育つのだったら、どこかの養成所からだけ続々と優れた人材が輩出されてもおかしくありません。

しかし現実を見ても、そうなってはいない。僕らがある程度導くことはできますが、そこからは自分の意識次第で、その環境を利用してどのように自分を成長させるかが大事なのです。

とはいえ、演劇を習いに来ている生徒たちからすると、名前からして養成所なのですから、「変えてほしい」「育ててほしい」「教えてほしい」という受け身の意識は絶対にあるはずです。

僕自身も講師であった水鳥さんに、他人任せの考え方を変え、「自発力」を意識するきっかけをつくっていただいたので、生徒の需要と養成所の真の役割が嚙み合うように、日々努力しているところです。

あと教える側になった人はみんな言うことかもしれませんが、若い生徒たちと接して、こちらが教わるところも多々あります。

初期衝動というか、常に若い生徒たちのやる気に触れていられるので、自分も高いモチベーションを維持できていると思います。

もっと声優として生き続けるには

養成所で10年教えてきたことは、僕の人生観、声優観みたいなものにも影響を与えてくれました。

昔は芝居に対する意気込みとは別個に、「声優として名を残さねば」という強い意志をもって現場に臨んでいたところがあります。でも冷静に考えると、声優として名を残すのは非常に難しいのです。

すごく人気のある役を演じたとしても、自分の存在はあくまでキャラクターの裏側にありますから、そのキャラクターだけが生き続ける可能性が高いのが現実でしょう。

要するに自分がその役を降りることになったとして別の人が演じても、キャラクターは不変です。ところがほとんどの場合、声優だった自分の存在感は徐々に失われていく。

では何をしたらキャラクターを超えた存在として、声優として名を残したことになるのか。正解はいまだに見えない部分があります。

ひとつの答えとして、声優として一般の人が誰でも知っている存在、つまりナンバーワンになるということも考えましたが、野沢雅子さんにはとうてい敵いそうもないということに気づきました。

野沢さんは本当に声優界の孫悟空的な存在です。

孫悟空にはさすがに敵わない。

絶望的になった時に、フッと頭に浮かんだのが、劇場版『銀河鉄道９９９』のハーロックのセリフです。この作品は機械の身体を手に入れれば永遠の命が得られることが重要なポイントとなっていますが、それについてハーロックが私見を言うのです。

「親から子へ、子からまたその子へ血は流れ、永遠に続いていく。それが本当の永遠の命だと、俺は信じる」

これまで書いてきた通り、僕はたくさんの講師や先輩から、モチベーションの維持、挫折に屈しない意志、本気の努力、仕事へのスタンス、立ち居振る舞いなど、声優を目指し、そして声優として生きることの土台となる精神的なものや姿勢、いわば「魂」のようなものを教わってきました。

それを果たしてどのくらい伝えられるかはわからないですが、後輩たち、生徒たちに今度は自分が伝えていけたらという気持ちが、今は強いです。

そうすれば名前というかたちではなく、想いをつなぐというかたちで声優として生きた証を残せるかもしれません。

40代になってからは、特にそう思います。

そしてさらに年をとると、声優としての競争率はどんどん上がります。

単純に、アニメ作品においては若いキャラクターに比べて高齢のキャラクターは少ないため、配役されるチャンスは確実に減っていくのです。よほどうまいか個性がないと必要とされなくなります。

役者にとって一番寂しいのは、誰からも必要とされず、呼ばれず、語られないこと。

「生きながらにして死す」ようなものです。

だから野沢さんに限らず、僕よりずっと先輩でまだまだ活躍されている方を見ると、とても励みになります。

後輩に「魂」を伝えていくなどと偉そうなことを言ってみましたが、依然として僕も、先輩から何かをもらい続けているわけです。

プライベートは挽回したい

声優として25年生きてきて、仕事面やお客さんとのコミュニケーションという意味では恵まれたこともあり、総じて楽しくやってこられたのですが、失ったものもあります。

発売直後のゲームにハマって延々と25年間、徹夜でやり続けた男を想像してみてください。彼はどうなるでしょうか。クリアした上で、何周も飽きずにやっている状態ですから、腕前はかなり上がりました。でも、気づけば家族からは必要とされなくなっていたと……。

僕も演劇や表現にまつわることなら三度のメシより好きという感じで25年やってきたので、この男と同じようなものです。

声優の中にはバランス感覚があり、愛情や思いやりを深くもってプライベートを過ごしている人もたくさんいると思います。

ただ、僕の場合は人生がひどく演劇に偏ってしまいました。それが武器になった反面、プライベートの部分は惨憺《さんたん》たる状況にあります。本書には書けないレベルでひどいです。

自分で自分のことをそういうのは若干抵抗があるものの、〝クズ感〟は否めないですね。

それを後悔しているわけではないのですが、友人関係の深め方ひとつをとっても、もっと豊かに40代を迎えるための時間の使い方があったのかなと思う部分もあります。

反省はしているので、プライベートの部分をどのように、この先の20年くらいで頑張ってやっていくかという新たな課題が今は見えてきたところです。

プライベートがそんな状況でも現場の最前線に立ち続けていられたのは、演劇が許容範囲の広い業界であり、みんなで力を合わせて大きなひとつのことを達成する芸術であることが大きいです。

事務所のメンバー、劇団の仲間、共演者、その他大勢の方たちに助けてもらったから、今もやれているのだなと感謝しています。

声優を目指すことを人生の一部にする

なるべく「昔はこうだったから、こうあるべきだ」という話にならないように、あくまでこれから挑む皆さんに「今だったらこうすべきだ」というアドバイスになるよう努めたつもりですが、いかがだったでしょうか。

最後に、声優を目指す皆さんに伝えたいのは、「声優を目指すことは人生の一部」と考えるということです。

努力すれば必ず報われて、いい結果が出ると信じたい部分はありますが、確率上は99%が声優になれないことを考えると、どうしてもそれが叶わない方もいます。

なんとなく声優を目指し、なんとなく養成所に通い、当然声優になれなかった人が無駄にしたお金と時間は、いわば自業自得ともいうべきものです。

一方で、声優になることの非現実的な可能性を理解し、それでも異常な愛情をもって本気で取り組んだ人も同様に、結果的に声優になれないことが多々あります。

「だから声優を目指すな」と僕には言えません。


なぜなら少なくとも後者の場合には、人生という大きな視点で見ると、声優を目指した時間は、あとで振り返ってもかけがえのないものになるはずです。逆説的に、そのように思えないような時間を過ごすべきではありません。

真剣にプロ野球選手を目指した高校球児の夢が叶わなければ、彼の高校3年間は、最初から歩むべきではない道なのでしょうか。

つまるところ僕は、何度も何度も書きましたが、声優を目指したことを皆さんに後悔してほしくないのです。

「後悔しない声優の目指し方」とは、仮に声優になれなくても後悔しないためという予防線ではなく、もちろん全てやりつくすため、可能性を最大限に引き出すためのアドバイスであり、そのことを念頭に書いています。

ただし、どんなに頑張ってもなれない可能性のほうが高いのは事実ですから、「自分は声優になれる」と本気で信じることと同時に、「声優を目指すことは人生の一部」と割り切るくらいの気持ちも必要かもしれません。無論、無駄に過ごしていい人生の一部ではなく、大切な人生のひとコマという意味合いです。

実際にそう思えるのは、悔いなく全てやりつくしたと言い切れる時間を過ごした方だけです。

まわりからは遊んでいると思われるような稽古でも、本気で取り組んで、ボロボロになるまで頑張って突き詰めてやれば、仮に声優になれなかったとしても人生においては無駄にはなりません。

演劇を学ぶ過程で、ほかの仕事にも通用する考え方やスキルを獲得できるチャンスはたくさんあります。だからこそ、仮に夢が叶わなくても、あの時間は無駄だったと後悔はしてほしくないですね。

なぜ声優になりたいのか

「第1章」の序盤で、養成所の生徒になぜ声優になりたいかを訊くと、「アニメやゲームが好きだから」と答える方が多いと書きました。

実際にはもっと具体的で、「僕はガンダムに乗りたいから養成所に入りました」「私は『テイルズ オブ』シリーズの世界に入って、魔法の力でみんなを守りたいです」などと言ってくれる生徒たちが多いのです。僕が声優として過去にガンダムに乗っていたことと、『テイルズ オブ』シリーズに出演しているのを知った上で、言ってくれているのかもしれません。

それは、夢として語るぶんには素敵だなと思います。でも、声優は「なりきる」職業ですから、リアルにその役柄のことを考えたことがあるのかなとも感じるのです。

要するに声優になりたい理由は、実はなんでも構わなくて、それを実現するためにその理由や自分にとっての声優になる必然性を、どれほど真剣に考えたり想像しているのかが大事なのです。

ガンダムに乗ることをちょっとリアルに考えたら、それなりにリスクがあるじゃないですか。命の危険に常にさらされていますし、乗るのにも類まれなる才能が必要とされるかもしれません。血の滲むような特訓が必要な場合もあるでしょう。

「行け」と言われれば、殺される覚悟で人殺しだらけの戦場に向かうことになります。友人が死ぬことだって珍しくありません。

『テイルズ オブ』シリーズにしても、強力な魔法を会得するまでに、モンスターと命がけで戦わなくてはならないですよね。

声優は、実際にはガンダムに乗らないし、モンスターとも戦わなくて済みます。

でも想像力を発揮して、彼らの心境になりきれる、もしくは彼らになり代わってもいいと思えるのなら、その覚悟でボロボロになるくらい努力をしたほうがいいし、それがいい役づくりにもなると断言します。

ガンダムのパイロットや『テイルズ オブ』シリーズの主人公たちと同じような覚悟で演劇に取り組めるのであれば、その夢は夢でなくなるかもしれません。

僕は皆さんにそうしてほしいですし、いつか共演できることを楽しみにしています。その時には、ぜひこの本を読んだことも教えてほしいです。

関智一（せき・ともかず）
アトミックモンキー所属。1992年に声優としてデビューして以降、声優、ナレーター、ラジオパーソナリティーとして活躍中。また、自身が座長を務める「劇団ヘロヘロQカムパニー」においても精力的に活動している。
出演作品は『機動武闘伝Gガンダム』ドモン・カッシュ役、『ドラえもん』骨川スネ夫役、『昭和元禄落語心中』与太郎／三代目助六役、『妖怪ウォッチ』ウィスパー役、『PSYCHO-PASS　サイコパス』狡噛慎也役ほか多数。

編集協力
クラウドブックス株式会社

協力
株式会社アトミックモンキー
株式会社講談社

声優《せいゆう》に死《し》す
後悔《こうかい》しない声優《せいゆう》の目指《めざ》し方《かた》

2017年3月18日　初版発行

著者／関《せき》智一《ともかず》

発行者／青柳昌行

発行／株式会社 KADOKAWA
東京都千代田区富士見 2-13-3　〒 102-8177
電話 0570-002-301（カスタマーサポート・ナビダイヤル）
受付時間 9:00 ～ 17:00（土日 祝日 年末年始を除く）
http://www.kadokawa.co.jp/

印刷所／図書印刷株式会社

製本所／図書印刷株式会社

ISBN 978-4-04-105138-2　C0076

完全におまけ！

（そんなに）特別（でもない）袋とじ

童貞の捨て方から枕営業まで。
声優志望者&現役声優から募った
匿名質問に本気で答えます!

「オブラートに包まない」
関智一の若者人生相談

男性編

Q1 ぶっちゃけた話、声優になったら好きな女性声優さんと親密になれますか?
(声優志望Sさん)

A1 その人の相手役を演じられるクラスの声優になれれば、本心を隠しつつ近づくことができるので、ファンのままでいるよりも圧倒的に可能性は高まりますよね。感情移入をする職業ですから、演じている期間「相手の役者のことも好きになってしまう」という女性声優の話も聞いたことがあります。

ただ、女性声優も実力でその座を勝ち取っている強者ですから、尊敬してもらえるような部分があなたにないと気を引くのは厳しいですよね。それに常にガツガツしていると、「あいつはいやらしい目で見てくる」という噂話がすぐに広がってしまいます。この業界、狭いので。仕事を一生懸命やっている姿を見せた上で、ときどき好意を見せるくらいが効果的なバランスではないでしょうか。

加えて言うなら、制作スタッフやマネージャーなど、声優以外の立場でも女性声優と会える職業はありますから、親密になることだけが目的であれば、声優にこだわる必要はないかもしれません。

Q2

僕は18歳で童貞です。声優を目指していますが、演技の幅を広げるために卒業しておくべきでしょうか？

（声優志望Tさん）

A2　よく「女遊びは芸の肥やし」みたいなことが言われますけど、行為自体ではなく、そこに至るまでの駆け引きが大事というのが、僕の考えです。

女性にどうやってお願いしたらやらせていただけるのか、揉めた時にどう謝ったら許してもらえるのかなど、相手との関わり方を真剣に考えられれば、芝居に役立つことは大いにあるでしょう。

だから、風俗店で安直に童貞を捨てるのではなく、頼み込んでもいいので、素人の方と合意の上で卒業してほしいですね。ただ、くれぐれも犯罪のボーダーラインだけは意識して挑戦お願いします。

頑張ってね。

Q3 大御所の方が多い長尺の現場で、後輩（男性）がおもらしをしてしまいました。僕は「気にするなよ」と声をかけることしかできず……。確かに新人が安易にスタジオを出入りできる環境や雰囲気ではなかったのですが、僕はどうしたら良かったのでしょうか？（声優Fさん）

A3　まず、その後輩に対しては、過剰に大御所の方たちを恐れすぎだと言いたいですね。もらしてしまって再開に時間がかかるほうが、よほど大御所の皆さんに迷惑をかけるというものです。好感度も下がるでしょう。「体調が悪くて」とでも付け加えておけば、トイレに立って怒る人はまずいません。

質問者に対しては、かばってあげるべきですね。例えば「お前、緑茶こぼした？」と、食い気味に、黄色い液体の正体は緑茶であると周知させ、「早く乾かしてこいよ」と、速やかに後輩をはけさせられれば完璧でしょうね。「尿なのでは？」と薄々気づかれたとしても、あなたの空々しいまでの優しさは周囲の感動を呼び、先輩としての地位も向上させるはずです。

まあ、そもそもみんな大人なので、もらしたこと自体、しつこく責めたりはしません。「非常に残念な人だ」と思いはするでしょうが。ただ、飲み会でいじられる可能性はあるかもしれないので、自分からネタにして先手を打ったほうが吉かもしれません。後輩にアドバイスしてみては？

Q4 出演者が多い現場でのことです。新人の座る場所があまりなく、マイクの真ん前にあった椅子に座ることになりました。でも、マイクの前に立つ役者さんの顔をガン見することになるので、なかなか台本から顔を上げることができませんでした。この場合、どうしたら先輩方に迷惑をかけずに収録の様子を見られたのでしょうか?

（新人声優Nさん）

A4　あまり多くない状況ですが、稀にありますね。そういう席の配置のスタジオが。僕らは見られる仕事をしているわけですから、ガン見でいいと思いますよ。

むしろ、どんなタイミングで台本と映像を見ているのか、どんな表情で演技をしているのか、間近で見られるいいチャンスです。

ちなみに、僕も昔、三石琴乃《みついしことの》さんが下ネタばっかりを言う作品に出ていた時に、どんな顔をしてやっているのかがすごく気になり、前まで歩み出て、ずっとガン見した経験があります。

その時も収録に支障はありませんでしたので、安心してガン見してください。

女性編

Q1　声優の世界でもあると言われている枕営業。本当にあるのか今から心配なのですが、関さんはそんな噂を聞いたことがありますか。本当にある場合、どうすればいいでしょうか。

（声優志望Iさん）

A1　おそらく枕営業はあるでしょうけど、結局これって合意がないとできないことじゃないですか。合意しちゃっているわけだから、どっちもどっちだなとは思いますね。嫌ならそうなる前に断ることが重要です。

ただ枕営業をしたからといって、そこまでの恩恵はないはずです。もし本当に仕事をもらえたとしても、その人にほかのお気に入りができたら終わりですから長続きしません。

また、断ってもたいした被害はありません。仕事をエサに性的な強要をするような人は、言ってしまえば三流ですから。暴挙に出るような力もないでしょう。あなたのまわりに力になってくれる人もいるはずです。

ただ、枕営業自体が悪いとも思いません。それだけのリスクを抱えてもなお足を踏み入れるなら、逆にすごい執念だと思って認めさえします。

悪いのはそれを強要する人ですね。そんなにやりたいなら仕事抜きに口説けばいいんですよ。自分もフラれるリスクを背負って初めて五分の関係になるのではないでしょうか。

Q2

男性声優のファッションで疑問です。なぜチェックのネルシャツや無駄にファスナーがいっぱい付いた服を着る方が多いのでしょうか？

（声優志望Fさん）

A2　これはですね、都内某所に男性声優がよく行く店があるんですよ。最近はスタイリストをつける声優もいますけど、自分でセレクトしている人はイベントが多いと買いに行くだけでも大変。

そんな困った時、その店に行けばステージ映えする服が揃っているとなれば人気も集中しますよね。店員も声優の客が多いことをわかっているので、「これ、ほかの声優さんが買っていきましたよ」と、かぶらないように教えてくれたりもするんですよ。

ということで、同じ服にはならないまでも、その店の愛用者はテイストがどうしても似てくるので、質問のような状況になりがちというのが真相です。

Q3

飲み会の席で隣に座った少し年齢の離れた先輩から、手や頭を触られることがあります。Hなことが目的の仕草だったらわかりやすいのですが、そういう感じではなく、さりげなく頭を撫でたりされるので、どう対応したらいいのかわかりません。失礼のない回避の仕方はどうしたらいいのでしょうか？

（新人声優Uさん）


A3　たぶん、この先輩だから嫌なだけで、好意をもっている先輩であればOKということだと思いますが……。一番簡単なのは、トイレに立って戻ってきた時に別のところに移動することですね。その間に向こうも別の話題で盛り上がっている可能性があるので、特に角は立ちません。

今後はその先輩のそばに座らないように注意するか、仲の良い男性に間の席に入ってもらうかして、未然にガードしましょう。

面白くはない実用的な回答になってしまいましたが、僕の隣の子がトイレに立ったきり戻らなかったり、間に男を配置してきたら、「……なるほど、そういうことですね。気をつけます、はい」と僕も納得。

Q4

ある収録現場で、ディレクターへの挨拶

の時にすごくキャピキャピした声で挨拶をしている女性声優に遭遇しました。休憩中は、その方は普通の声で仲の良い役者たちと話していてさらに驚きました。私もそういう挨拶をしたほうがいいのでしょうか？（新人声優Hさん）

A4　これは、女性の電話を見ていればわかるように普通のことですよね。彼氏からの電話では高い声で甘く話し、母親からの電話では粗雑に話す子なんていっぱいいますから。使い分けをしているだけです。

そうは書いてないですけど、質問からはなんとなく「私はそれをしてないからダメなんですか」みたいな嫉妬が感じられます。でも、声優も商品ですから、スタッフに気に入ってもらうための努力は、自分に合ったやり方でしたほうがいいと思いますね。

このディレクターはどう接してもらうのが好きなのか、どういう芝居が好きなのか。それを自分なりに考えることが大事です。いやらしくやりすぎるとまわりからジトーッとした目で見られますけど、たとえるなら、「コーヒーが嫌いな人にはわざわざコーヒーを持っていかない」程度の気づかいはあって当たり前でしょう。

自分なりにスタッフに好意を伝える方法を模索してみてください。

関 智一が個人的にタイプな声優や、
才能に嫉妬する声優とは!?
炎上覚悟の声優ランキング。

「超独断と偏見」
好きな声優・嫌いな声優 トップ3

好きな声優　トップ3

3位 三石琴乃《みついしことの》さん

『美少女戦士セーラームーン』月野(つきの)うさぎ役など

三石さんは永遠のマドンナで、憧れの存在です。いくつになっても素敵なお姉さんで、よくごはんをごちそうしてくれたり、叱ってもくれます。大好きです。

2位 吉野裕行《よしのひろゆき》さん

『薄桜鬼』藤堂平助(とうどう・へいすけ)役など

独特の個性的な芝居が好きです。仕事に対しては攻めの姿勢でバイタリティがあるのに、礼儀正しい面もある。男の後輩として好感度が高いです。

1位 花澤香菜《はなざわかな》さん

『PSYCHO-PASS サイコパス』常守朱(つねもり・あかね)役など

かわいいから好きです。タイプです。仕事に対する姿勢も一生懸命。トークも楽しい。もう完璧で言うことはないですね。

嫌いな声優　トップ3

3位 長沢美樹《ながさわみき》さん

『新世紀エヴァンゲリオン』伊吹マヤ役など

秘密をいっぱい知られているのと、正論で耳の痛いことを言ってくるところが嫌いです(笑)。怒るとキンキン声になり、それがまた破壊力があります。

2位 岩田光央《いわたみつお》さん

『AKIRA』金田(かねだ)役など

なんか同じ方向性を感じる先輩です。いわゆる競合です。だってほら、同じような時期にこれと似たような内容の本も出したようですし。同族嫌悪です(笑)。

1位 中村悠一《なかむらゆういち》さん

『おおきく振りかぶって』阿部隆也(あべ・たかや)役など

人気絶大な上に仕事もできすぎる後輩で、才能に嫉妬しています(笑)。自分の役が彼に引き継がれることもあるので、まだまだ頑張らねばと戒められます。

劇団創立メンバーと
新人声優（劇団員）が語るリアルな関 智一!?
間近から見た公私の姿に迫る！

「ゲスのままで」

覆面欠席裁判

（一部バレバレの）原告

Aさん（♀）
養成所から始まり、事務所、劇団創立と人生の半分以上を関 智一と過ごす声優。元恋人。「彼は、すでにときめきポイントは消失したが、気がつけば隣にいる存在」。

Bさん（♀）
関 智一とは養成所の同期で、劇団の創立メンバー。特撮好きでヒーローショー等でも活躍。「私は声優ではないので、彼とはいい距離感で時を過ごしてきた」。

Cさん（♂）
自称・関 智一から一番かわいがられている新人声優。特撮好きという共通の趣味をもつ。新旧ジャイアンの声マネが持ちネタ。

Dさん（♂）
新人声優。劇団1年目で関 智一専属のアンダー（代役）を担当。セリフ覚えが早く、劇団内から評価を得ている。

Eさん（♀）
「一見、礼儀正しいようでメール等が無礼」と評判の新人声優。「劇団では関さんのお世話役になりつつあります」。

――まず、声優としての関さんについて伺いたいのですが。

A　もともと頭がいいので、外から見られる自分の芝居もよくわかっているし、内側からの、どうしてこういう芝居になるのかというう原因もよくわかっている。まわりから「天才」と呼ばれているのを聞くと、ずっと同期でやってきているので「へー、そうなんだ」みたいな感じですけどね（笑）。

B　ある日、深夜アニメを見ていて、さらっと普通にしゃべっているだけなんだけど「この人、すごくうまいな」と思った時があって。エンドロールを見たら「関智一」と出てきて驚きましたね。普通の発泡スチロールから球体を作り出せるといったような造形の技術もすごいし、芸術系全般が向いているのかもしれません。

A　昔から研究熱心で、例えば、「高い声の役がきたことないからさ」と、声の活動範囲を広げるために高い声で日常生活を過ごしていたこともありましたね。「楽に出るようになってきた」と言った途端に、スネ夫くんのような高い声の役が決まり出すなど、謎の引き寄せ力を持ち合わせているのが恐ろしい。

B　なんだろうね、あの引き寄せ力は。

C　落語も、『昭和元禄落語心中』で主役をやる前からやっていますもんね。

A　そうなんだよね。挫折もほとんどしてないはずですけど、悪い状況を脱してから「実はあの時は4日連続で仕事がなくて不安だった」とか打ち明けてくることはあったかな。

B　それ、挫折なのかな。たった4日か……と思っちゃった（笑）。

E　私はこないだ初めて現場で関

さんと一緒になりました。噂で下ネタを言うとは聞いていたんですけど、本当にテストの時に連発していて。それで場の雰囲気が盛り上がるのを体験しました。

B 彼のはビジネス下ネタな部分もあるからね。トークでいきなり下ネタを言い出す時は、「今日は楽しようとしているな」と勘ぐることすらある（笑）。

A プライベートでは下ネタをそんなに言わないので、確かにそうかも。あと、なんだろう。どこかかっこわるいところないかな。本番中にいびきかいて寝ていたのを叩き起こしたことはあるけど（笑）。

E こないだ本番中に寝ているのを見て、大御所になるとＯＫなのかと思いました。

A ダメだよ（笑）。

E そうしたら、すっと目を開けて、「今のセリフ、ちょっとなまっていたから確認したほうがいいんじゃない」と言われて、起きていたんだとびっくりしましたけど。

A それは、寝ていたのをごまかすためのテクニックだから。怒られるのが嫌いな人なので、挽回する時の瞬発力は人の１００倍くらいある。

D 同じ感じで、すごく名言っぽいことを急に言うこともありますよね。感銘を受けてよくよく聞いてみると「いや、そういう意味じゃないから」と言われたり、特に深い意味はなかったり。

A 心がこもっていない時でも、こもっているように言うことができる。まさに声優ですね（笑）。

——劇団座長としての関さんはいかがでしょう。

D 先日の舞台の時に、小屋入り２日前まで関さんは演出を指示されていて、それまではずっと僕が代役で立ち続けていたんですよ。モノノケハンター・根津《ねづ》という役で、僕は普通にしゃべっていたのですが、関さんがいざ立ったら全編クセのあるねずみ男口調で。あの時は、さすがに事前に言ってほしかったですね（涙）。次の日から上の歯茎にティッシュを詰めて、ねずみ男口調で頑張りました。

A たぶん、直前で思いついたんだと思うよ。私もそれを知らなかったから、Dくんの芝居を見て「ふざけてるの?」って言っちゃったし（笑）。

E こないだ大変なことがあって、私は劇団の演出助手部にいるんですけど、関さんは台本をよく変えるんですよ。その時は電話で2時間以上、変更点を伝えられて。ずっとメモを取るのに必死で、もう電話に出るのをやめようかと思いました……。

B 電話には出てください（笑）。

C あと、本番中に仕掛けてくるところがありますよね。一番笑っちゃいけないシリアスなシーンで、お客さんに見えないように変顔するとか。

A 私、1回それでCくんの口を尖らす顔マネをされて、笑っちゃったことがあるよ。いつか仕返ししてやろうと思っていますけど（笑）。

D そういえば、代役をがんばったご褒美で関さんがごはんに連れて行ってくれたんですけど、関さんがすごく楽しそうに話してくれたことがあって。昔、小西克幸《こにしかつゆき》さん（劇団ヘロヘロQカムパニーの副座長を務める声優）と一緒に稽古場にゲームを持ち込んだらAさんに怒られて、その後、懲りずにAVを持ち込んだら、滅茶苦茶《めちゃくちゃ》に怒られたって言っていました。

A　あれね。稽古場のクローゼットを開けたらAVがズラーッと並んでいて、ご丁寧に貸出表まで作られていて。神聖な稽古場ですから、それはキレますよ（笑）。

――徐々にゲスな方向に進んでおりますが、プライベートについてはどうでしょうか。

C　僕らはまだ、そこまでプライベートはわからないですね。

A　かなり昔の話ですけど、浮気をしている時に、私と会っていることになっているケースがけっこうあって。そういう隠れ蓑的な使い方はもうやめてほしいですね（笑）。いまだに喧嘩もよくしていて、交差点の道路を挟んで怒鳴り合いになったり、車中や打ち合わせの部屋でパソコンが飛んできたこともありますよ。

B　私も同じくらい長い付き合いだけど、そんな激しい話はないなあ（笑）。特撮の方面で言うと、地方のヒーローショーの仕事に一緒に行くと、たいてい現地の有名特撮マニアと落ち合っていますね。そこでしか買えないような特撮グッズを大量に購入したり、親睦を深めたり。本当に楽しそうなのでこっちもノリノリになってしまいますけど。

A　昔、伊福部《いふくべ》 崇《たかし》さん（アトミックモンキー所属）が構成作家で参加していたラジオ番組を一緒にやっていた時、レアな特撮グッズがオークションに出品されていて、「絶対落札できないから200万円って入れてみなよ」と関がそそのかしたこともあったよね。そうしたら伊福部さんが落札してしまって、代わりに関が払っていましたが（笑）。

B　これだけ忙しいのに、趣味を100％楽しんでいるのがすごいよね。それによって彼の芸が磨かれているのかもしれない。

A　小西を見張り役にして、仮面ライダーの格好で私の車の前に飛び出してきたこともあったなあ。ああいう少年の心を忘れずに、元気でいてほしいですね。それがなくなると、一気に老け込みそうなので。元気がないと、ゲスなこともできないですからね。

B　そうだよね。睡眠時間が少なくても大丈夫なタイプな気がするけど、ちゃんと寝て元気なままでいてほしいと思います。彼の閃きがなくなると、劇団活動も心配なので。

――最後に、新人の皆さんは、関さんにリクエストはありますか？

C　もっと飲みに連れて行ってほしいですね。

A　それは自分から言わないとダメなんだよ。

C　そうですよね。誘いますので、よろしくお願いします！

D　諸先輩方が「今は丸くなった」と異口同音におっしゃいますが、正直、怖い部分もあります。でも、遠慮のない関さんを体感させていただきたいので、ご指導よろしくお願いします！

E　私もふたりと一緒で自分からいくのが苦手なんですけど、関さんはウェルカムだとは言ってくれているので、もっと仲良くなりたいですね。台本変更の電話もぜひ、いや、たまに私に（笑）。

――皆さん、ありがとうございました！

本当に暇なときに読んでください

※本文と異なり袋とじの内容は役には立ちません。
※本の傷みが気になる方は無理して開ける必要はないかもしれません。